VENTE A PARIS

Les Lundi 19 et Mardi 20 Novembre 1917

Hôtel Drouot, Salle n° 4

COLLECTION HIEKEL

# Monnaies & Médailles Jetons

COMMISSAIRE-PRISEUR :
Me Emile BOUDIN
14, rue de la Grange-Batelière

EXPERT :
M. Etienne BOURGEY
7, rue Drouot, 7

PARIS

COLLECTION HIEKEL

# Monnaies Françaises
# Médailles et Jetons

**VENTE AUX ENCHÈRES PUBLIQUES**

A PARIS, HÔTEL DES COMMISSAIRES-PRISEURS, RUE DROUOT, 9

SALLE N° 4, AU PREMIER ÉTAGE

**LES LUNDI 19 ET MARDI 20 NOVEMBRE 1917**

A DEUX HEURES PRÉCISES

**EXPOSITION PUBLIQUE UNE HEURE AVANT LA VENTE**

| COMMISSAIRE-PRISEUR : | EXPERT : |
|---|---|
| Me Emile BOUDIN | M. Etienne BOURGEY |
| *14, Rue de la Grange-Batelière* | *7, rue Drouot, 7* |

**PARIS**

Exposition particulière :

Le Samedi 17 novembre 1917, chez M. Etienne Bourgey, expert, 7, rue Drouot. (Téléphone 274-64).

Exposition publique :

Le Lundi 19 et le Mardi 20 Novembre 1917, Hôtel des Ventes, Salle 4, une heure avant la vente.

La vente aura lieu au comptant.

Les acquéreurs paieront dix pour cent en sus des enchères.

M. Etienne Bourgey, 7, rue Drouot, se charge d'exécuter aux conditions habituelles (5 % sur la limite), les commissions qui lui seront confiées.

L'ordre du catalogue sera suivi. L'expert se réserve le droit de diviser ou réunir les lots.

# DÉSIGNATION

## MONNAIES GRECQUES

1 **Campanie**. *Calès*. Didrachme. *Neapolis*. Didr. 2 p. **Calabre**. *Tarente*. Didr. 1 p. Dioboles 3 p. **Lucanie**. *Metaponte*. Diobole. *Poseidonia*. Diobole. **Bruttium**. *Crotone*. Statère. **Sicile**. *Gélas*. Didr. Arg. — Ens. 11 p.

2 *Messine*. ΜΕΣΣΑΝΙΩΝ. Lièvre courant à dr. ℞. Aurige à dr. dans un bige couronné par la Victoire. Tétradr. 2 p. Arg.

3 **Thrace**. *Chersonesus*. Hémidr. 2 p. **Macédoine**. *Philippe II*. Distatère. *Alexandre III*. Tétradr. 2 p. **Illyrie**. *Damastium*. Statère. Arg. *Acarnanie*. Br. — Ens. 6 p. Arg., 1 p. Br.

4 **Attique**. *Athènes*. Tétradr. archaïsant. Drachme. Diobole. Obole. Themistocle, etc., Dictimos, etc., Zénon, etc. Tétradr. Arg. — Ens. 7 p.

5 Dionysios et Aris; Aropos et Mnasagoras. Même revers. Tétradr. Arg. 2 p.

6 **Achaïe**. *Corinthe*. Didr. *Sicyone*. Hémidr. *Ligue achéenne*. Hémidr. 2 p. Arg. **Pont**. *Amisus*. Br. **Troade**. *Alexandria*. 3 p. Br. *Cebren*. 3 p. Br. *Ilion*. Br. **Ionie**. *Milet*. Diobole. Arg. **Phrygie**. *Philomélium*. Br. — Ens. 5 p. Arg., 9 p. Br.

7 **Judée**. *Simon Machabée*. Br. *Jean Hyrian*. 4 p. Br. *Alexandre Jeannée*. 3 p. Br. *Hérode I*. 2 p. Br. *Hérode Antipas*. Br. *Hérode Agrippa I*. 2 p. Br. — Ens. 13 p.

8 *Procurateurs romains*. *Tibère*. Br. 9 variétés. *Livie*. Br. *Néron et Britannicus*. Br. 2 variétés. *Néron*. Br. — Ens. 13 p.

9 *Seconde révolte des Juifs*. *Simon*. Vase et raisin. — Légende et lyre. — Légende et vase. — Lyre et raisin. 3 p. Arg. — Ens. 6 p.

10 Palmier et feuille de vigne. Br. 3 p. — Palmier et raisin. Br. — Ens. 4 p.

11 **Rois parthes**. Divers. Drachmes. Arg. 5 p. **Rois perses.** *Pérose*. Drachme. *Artaxercès III*. Drachme. Arg. — Ens. 7 p.

# MONNAIES ROMAINES

12 **Consulaires** (1). Double denier (p. 21, 23). *Aburia* (1). 2 p. *Aelia* (3). *Aemilia* (10). *Baebia* (12). 2 p. Arg. — Ens. 7 p. B.

13 *Caesia* (1). *Claudia* (5). *Coelia* (2, 3). *Cordia* (1. 3). Arg. — Ens. 6 p. B. et TB.

14 *Crepereia* (2). *Gellia* (1). *Julia* (3, 9). Arg. — Ens. 4 p.

15 *Junia* (15, 30), 2 p. *Marcia* (1, 11, 18). *Minucia* (9). *Nœvia* (6). *Papiria* (6). *Pinaria* (1) 2 p. Arg. — Ens. 11 p. B.

16 *Plaetoria* (4, 6). *Pompeia* (25). *Porcia* (1). *Postumia* (9, 10). Arg. — Ens. 6 p.

17 *Procilia* (1), 2 p. *Roscia* (1). *Rutilia* (1). *Sergia* (1), 3 p. *Terentia* (10). Arg. — Ens. 8 p. B.

18 *Thoria* (1), 2 p. *Titia* (2). *Tullia* (1), 2 p. *Valeria* (11, 16). *Vibia* (18). Arg. — Ens. 8 p.

19 Lot de Consulaires diverses. Arg. 10 p.

20 **Impériales** (2). *Jules César*. C. CAESAR. COS. TER. Tête voilée de la Piété à dr. ℞. A. HIRTIVS. PR. Instruments de sacrifice (2). Or. B.

21 Tête de Cérès (2). Tête de J. César (22). *Marc Antoine*. CHORTIS. SPECVLATORVM (6). XXIIe légion (59). Arg. — Ens 4 p.

22 *Auguste*. Apollon jouant de la lyre (6). Statue équestre à g. (227). Bouclier votif (294). Arg. — Ens. 3 p.

23 *Néron*, NERO. CAESAR. AVGVSTVS. Sa tête laurée à dr. ℞. IVPPITER. CVSTOS. Jupiter assis à g. (118). Or. B.

---

(1) Les numéros entre parenthèses sont ceux de M. Babelon. Monnaies consulaires.

(2) Les numéros entre parenthèses sont ceux de Cohen. Monnaies impériales.

24 *Vespasien* (250). *Adrien* (1125). *Sabine* (43). *Julie Domne* (55). *Maesa* (45). *Philippe père* (25, 65, 98, 241). *Otacilie* (34). *Philippe fils* (17) 2 p. (24, 54). *Trajan Dèce* (16, 34, 43). Arg. *Valérien père* (196). Bil. *Gallien* (895). Bil. — Ens. 17 p. Arg., 2 p. Bil.

25 *Valens* DN. VALENS. R. F. AVG. Buste diadémé à dr. ℞. RESTITVTOR. REIPVBVICAE. Valens nicéphore debout à g. (32). Sou d'or. B.

26 *Valentinien II*. D. N. VALENTINIANVS. IVN. P. F. AVG. Buste diadémé à dr. ℞. VICTORIA. AVG. Les 2 empereurs assis (36). Sou d'or. B.

27 *Honorius*. Buste diadémé à dr. ℞. VICTORIA. AVGGG L'empereur à dr., le pied sur un captif (44). Sou d'or — VICTORIA. AVGVSTORVM. Victoire marchant à dr. (47). Triens. Or. — Rome assise (12). Arg. — Ens. 3 p. B.

28 *Valentinien III*. D. N. PLA. VALENTINIANVS. P. F. AVG. Buste diadémé à dr. ℞. VICTORIA. AVGGG. Valentinien de face, le pied sur un captif (21). Sou d'or. — Croix dans une couronne (49). Triens. Or. — Ens. 2 p. B.

29 **Byzantines**. *Arcadius*. ℞. CONCORDIA. AVGGG. Constantinople assise de face (III. 13). Sou d'or troué. *Léon I*. Buste casqué de face. ℞. Victoire crucigère à g. (VI. 22). Sou d'or. — Ens. 2 p.

30 La même pièce (VI. 22). Sou d'or. *Anastase I*. Buste à dr. ℞. Victoire de face (VIII. 27). Triens. Or *Justin I*. Même type (IX. 22). Triens. Or. — Ens. 3 p. B.

31 *Imitation Wisigothe*. Buste de Justin I à dr. ℞. Victoire marchant à dr. Triens. *Justinien I*. Buste à dr. ℞. Victoire de face (XII. 5). Triens. Or. 2 p. — Ens. 3 p. B.

32 La même pièce (XII. 5). Triens. Or. *Maurice Tibère*. D. N. MAVRI. TIB. P. P. AVG. Buste à dr. ℞. Victoire de face (XXIV. 12). Triens. Or. — Croix (XXIV. 13). Triens. Or. — Croix (XXIV. 13). Triens. Or. — Ens. 3 p.

33 *Phocas*. D. N. FOCAS. PERP. AVG. Buste de face. ℞. VICTORIA. AVGVS. Victoire de face (XXVI. 27). Sou d'or. TB.

---

Les numéros entre parenthèses sont ceux des planches de Sabatier. Monnaies byzantines.

34 *Héraclius et Héraclius-Constantin.* Leurs bustes de face. ℟. Croix sur 2 degrés (XXIX. 20). Sou d'or globuleux.

35 *Constant II.* Buste de face tenant un globe. ℟. Croix sur 3 degrés (XXXII. 5). Sou d'or. TB.

36 *Constant II, Constantin-Pogonat, Héraclius* et *Tibère* (XXXIV. 17 varié). Sou d'or. *Constantin IV.* Buste à dr. ℟. Croix (XXXVI. 10 varié). Triens. 2 p. — Ens. 3 p.

37 *Tibère III Absimare.* Buste de face. ℟. Croix sur 3 degrés (XXXVII. 24). Sou d'or. *Constantin X* et *Romain II.* Leurs bustes de face, tenant une croix. ℟. Buste du Christ (XLVI 18). Sou d'or. — Ens. 2 p.

38 *Michel IV.* Buste de face, tenant le labarum et un globe. ℟. Buste du Christ (XLIX. 3 varié). Sou d'or concave. *Théodora.* La Vierge et Théodora debout, tenant le labarum. ℟. Le Christ debout (XLIX. 13). Sou d'or troué. — Ens. 2 p.

39 *Eudocie, Romain IV, Michel, Constantin* et *Andronic.* Le Christ entre Romaln IV et Eudocée. ℟. Leurs 3 fils debout (L. II). Sou d'or concave. *Jean II Comnêne.* La Vierge couronnant l'empereur. ℟. Le Christ assis (LIII. 14). Sou d'or concave, troué. — Indéterminé, troué. — Ens. 3 p.

# MONNAIES GAULOISES

40 **Celtibériennes** (1). *Belsinum.* Tête barbue à dr. ℟. Cavalier tenant une épée (XX. 2). *Arsa.* Tête à dr. ℟. Cavalier à dr. (XXXII. 2). *Iliberis.* Tête imberbe. ℟. Cavalier à g., conduisant 2 chevaux (XLVIII. I). 2 p. — Ens. 4 p. Arg. B. et TB.

41 *Osca.* Tête à dr. ℟. Cavalier armé d'une lance (XIII. I). *Turiaso.* Tête à dr. ℟. Cavalier à dr. (XXII. 2). Arg. *Castulo, Cose, Erasi, Gili, Ilici, Olige, Patricia.* Tête d'Auguste à g. Br. 7 p. — Ens. 2 p. Arg. 7 p. Br.

(1) Les numéros entre parenthèses sont ceux de Heiss, Monnaies antiques de l'Espagne.

42 *Saguntum*. Tête casquée à dr. ℟. Proue et Victoire (XXVII. 11). *Toletum*. Cavalier (XXXIV. 12). *Monnaies diverses*. 10 p. Ens. Br. 12 p.

43 **Gauloises** (1). *Massilia*. Drachme et imitations par les peuplades voisines. 8 p. — Oboles. 6 p. — Ens. 14 p. Arg. B.

44 *Nemausus*. Auguste et Agrippa. 2 p. Br. *Allobroges*. Chamois. Arg. *Volcæ Tectosages*. Arg 4 p. *Elusates*. Cheval informe. A.g. 2 p. — Ens. 9 p. Arg. et Br.

45 *Arverni*. Tête jeune diadémée à g. ℟. Cheval galopant à g. dessous, fleur à 4 pétales (XII. 3761). Statère. Or. B.

46 Tête laurée à dr. ℟. Bige à dr. (XI. 3629 var.). Quart de statère. Or. — CICIIDV. BRI. Tête à dr. Br. 2 p. *Petrocorii*. ATECTOR. Tête à dr. — T. POM. Bœuf à dr. Br. *Pictones*. Cheval androcéphale à dr. — Guerrier à g. Arg. — Ens. 7 p.

47 *Santones*. Tête a dr., les cheveux divisés en grosses mèches. ℟. Bige à dr. avec cheval androcéphale; dessous, main (XIII. 4.512). Statère. Or.

48 *Lemovices*. Imitation de Massilia. Arg. *Ædui*. Tête à g. ℟. DIASVLOS. Cheval (4871). — Tête casquée. ℟. DVBNO. Cheval à dr. (4972). — Autres. 7 p. Arg. — Aigle. 2 p. Br. — Ens. 12 p.

49 *Sequani*. Tête informe. ℟. Cheval accroupi. Potin. 9 p. — Q. DOCI. Tête. ℟. Cheval. 2 p. Arg. — SEQVANO. Sanglier. Arg. — Ens. 12 p.

50 *Carnutes*. Deux chevaux superposés galopant à dr. (XVIII. 5994) 2 p. — Même type à g. (6011). Arg. — Aigle, pentagone et serpent (XIX. 6088). Br. et Variétés. 6 p. — Cheval à g. Arg. — Ens. 10 p.

51 *Andecavi*. Tête d'Ogmios à dr. avec cordonnet de perles. ℟. Aurige et androcéphale à dr.; dessous, personnage à mi-corps retenant les jambes des chevaux (XXI. 6728 variété). Statère. Or. — Même type (6724). Quart de statère. Or. — Tête de face. ℟. Sanglier à dr. (6455). Obole. Arg. — Ens. 3 p. B.

(1) Les numéros entre parenthèses sont ceux de Muret et de la Tour.

52 *Curiosolitae*. Tête à dr., cheveux enroulés. ℞. Cheval à tête d'oiseau à dr.; dessous, sanglier (XXII. 6614). Statère. Bill. — Androcéphale à dr. et sanglier (6679). Quart de statère. — Bige à dr. et lyre penchée (6684 et 6703). Statère. Bill. *Redones*. Tête laurée. ℞. Androcéphale à dr.; dessous, roue (6774). Statère. Bill. — Ens. 5 p. B.

53 *Aulerci Cenomani*. Tête à g. dans un cordon de perles. ℞. Aurige et androcéphale à dr.; dessous, génie ailé (6857). Statère. Or. — Tête d'Ogmios à dr., dans un même cordon. ℞. Même type. (XXIII. 6868). Quart de statère. Or. — Ens. 2 p.

54 *Trouvaille de Jersey*. Tête à dr., cheveux enroulés. ℞ Cheval à tête d'oiseau à dr.; devant, une croisette; dessous, sanglier à dr. (XXVI. 20). Statère. Bill. *Calètes*. ATEVLA. Tête ailée à g. ℞. VLATOS. Cheval à g. (XXIX. 5187, 5191). Arg. — Ens. 3 p. TB.

55 *Parisii*. Tête à dr., cisaillée. ℞. Cheval à g.; dessus, rosace et fleurons (7806). Quart de statère. Or. *Bellovaci*. Tête chevelue à g., avec tige verticale. ℞. Cheval à g.; dessous, rosace (XXXII. 7892). Quart de statère. Or. —Ens. 2 p.

56 *Catalauni*. Guerrier à dr. ℞. Ours à dr. (XXXII. 8124). 2 p. — Personnage de face, tenant ses cheveux (4145). — Indéterminée. Bill. *Atrebates*. Tête confuse. ℞. Bige à dr.; dessus, croissant (XXXIV. 8590). Quart de statère. Or. — ANDOBRV. Tête casquée à g. ℞. Cavalier au pas à dr. (XXXV. 8673). Br. — Ens. 6 p.

57 *Morini*. Uniface. ℞. Cheval disloqué à dr.; dessous, globule et croissant (XXXV. 8710). Statère. Or.

58 Uniface. ℞. Chêne, faucille, annelets (XXXV. 8722). Quart de statère. Or. *Incertaines de l'Est*. Tête laurée à dr. ℞. Bige à g.; dessous, croissant (XXXVI. 8925). Quart de statère. Or. — Ens. 2 p.

59 Tête laurée à dr. ℞. Bige à dr.; dessous, une roue. Quart de statère. Electrum. — Tête casquée à dr. ℞. Cavalier galopant à dr. — Tête à g. ℞. Cheval à dr. — Tête casquée à g. ℞. Cheval à g. Arg. *Leuci*. Tête à g. ℞. Sanglier à g. 2 p. — Tête à dr. Bill. — Tête à dr. ℞. GERMANVS. INDVTILIL. Taureau à g. Br. 2 p. — Ens. 9 p.

60 *Indéterminée.* Tête laurée à dr. ℞. Bige à dr.; dessous, S courbé. Quart de statère. Electrum. — Tête à g. ℞. Bige à g. Quart de statère. Or. — Ens. 2 p.

61 Cheval à g. Cuivre allié d'or. — Monnaies d'argent indéterminées. 8 p. — Potin et bronze. 16 p. — Ens. 25 p.

62 Rouelles. Br. 5 p. — Imitation de deniers romains. Arg. 8 p. — Ens. 13 p.

63 *Pannonie et Boïens de la Transpadane.* Têtes informes à dr. ℞. Cheval à g.; cavalier; cheval à dr. Tétradr. Bas arg. — Ens. 5 p.

64 Tête barbue à dr. ℞. Cheval à g. — Tête laurée à dr. ℞. Cavalier à dr. — Cavalier à g. Tétradr. Arg. — Ens. 3 p.

65 Imitation de la tête de Zeus de Philippe II. ℞. Cavalier à dr. Cisaillée. — Variété très barbare. Tétradr. — Quadrige. Denier. Arg. — Ens. 3 p.

# MONNAIES FRANÇAISES

66 **Mérovingiens.** *Strasbourg?* Profil barbare. ℞. Petite figure, les bras en croix, dans un grènetis. Triens. Or pâle. *Gondebaud, roi de Bourgogne.* Buste d'Anastase à dr. ℞. Victoire à dr.; dans le champ, monogr. de Gondebaud. Triens. Or. — Ens. 2 p.

67 *Rois lombards.* Buste diadémé à dr. ℞. IONVIVIION. Croix potencée; au bas, ANA. Triens. Or. Autre : IIIOTVAVTON. Même type. Triens. Or. *Marseille.* Tête à dr. ℞. Dans le champ, NEF (Nemphidius). Arg. — Tête à g ℞. NE. Arg. Saïga. — Ens. 4 p. B. et TB.

68 **CAROLINGIENS** (1). **Charlemagne.** *Médoc.* CAROLVS en 2 lignes. ℞. MEDOCVS autour d'une rosace (VIII. 91). *Melle.* + CARLVS. REX. FR. Croix. ℞. + METVLLO. Monogr. (XIII. 209). Denier. Arg. 3 p. — Ens. 4 p. B et TB.

---

(1) Les numéros entre parenthèses se rapportent à l'ouvrage de Gariel. Seconde race.

69 **Louis le Débonnaire**. *Légende chrétienne*. + HLVDOVVICVS. IMP. Croix et 4 points. ℟. XPISTIANA. RELIGIO. Temple. Deniers. 10 p. — Croix. ℟. Croix. Obole. Arg. — Ens. 11 p. B et TB.

70 **Pépin I**, *roi d'Aquitaine*. + PIPPINVS. REX. Croix. ℟. AQVITANIA. en 2 lignes. (XX. 3). Obole. Arg. B.

71 **Charles-le-Chauve**. *Courtsessin*. Monogr. ℟. Croix (XXVIII. 94). *Le Mans*. (XXX. 129). *Melle*. Croix. ℟. Monogr. (XXIII. 59). 4 p. — Croix. ℟. METVLO en 2 lignes (60). Denier. — KROLVS. en monogr. ℟. + METVLLO. Croix (XXIV. 76). Obole. Arg. — Ens. 8 p. B.

72 *Nevers*. + CARLVS. IMP. AVG. Croix. ℟. NEVERNIS. CIVIT. Monogr. (XXIV. 91). 2 p. *Orléans*. Monogr. ℟. Croix (XXXI. 164). 2 p. — *Quentovic*. Même type (XXXII. 89). Deniers. Arg. — Ens. 5 p. B et TB.

73 *Rouen*. ROTVMACVS. CIVI. Croix (XXXIII. 205). *Tours*. TVRONES. CIVITAS. Croix (XXXVI. 267). Denier. Arg. — Ens. 2 p. TB.

74 **Pépin II**. *Toulouse*. + PIPPHVS. REX. Croix. ℟. + TOLOSA. CIVI. Le monogr. PIPINS. (XXXVII. 6 var.). Denier. Arg. TB.

75 **Louis II**. *Tours*. + MISERICORDIAD—I REX. Monogr. LVDOVICVS. ℟. TVRONES. CIVITAS. Croix (XXXVIII. 13). Denier. Arg. TB.

76 **Charles-le-Gros**. *Nevers*. 4 deniers. **Eudes**. *Angers* (XLVI. 4). *Blois* (9). *Limoges* (XLVII. 26 et 27). 3 p. Deniers Arg. — Ens. 9 p. B. et TB.

77 **Charles III le Simple**. *Melle*. Deniers immobilisés 6 p. — Oboles. 5 p. Arg. — Ens. 11 p.

78 *Toulouse*. + CVRLVS REX. Croix. ℟. + TOLOSA CIVI. Au centre V et OO. L'évêque Hugues (LII. 81). Petit denier. Arg. **Raoul**. *Angoulême*. + R... VS RE. Croix. ℟. EGOL... ME. Croix (LIII 1). Denier très ébrèché. *Orléans*. Monogr. ℟. + AVRELIANIS CIVITAS. Croix (LIV. 33). Denier. Arg. (LIV. 35). Obole. Arg. — Ens. 4 p.

79 **Louis IV**. *Langres*. Type indistinct. ℞. + LINCONIS CVTS. (LV. 10). *Nevers*. Faucille (19). **Lothaire**. *Bourges*. Croix. ℞. BITVRICES CIVITAS. Temple (LVII. 9). 2 p. **Lothaire**. *Empereur*. Deniers à la lég. chrétienne 2 p. *Dorestadt* Croix. ℞. DORESTATAS en 3 lignes (LIX. 18). Denier ébrêché. Arg. — Ens. 7 p.

80 *Milan*. HLOTHARIAS IMP. Croix. ℞. MEDIOLA. dans le champ (LIX. 21). *Pavie*. Même droit. ℞. PAPIA (24). Denier. Arg. — Ens. 2 p. TB.

81 **Louis II**. *Empereur*. Denier à la légende chrétienne. *Strasbourg*. + HLVDOVVICVS PIVS. Croix. ℞. ARCENTI NACIVITS. Denier. — Variété avec ARCEN III CI III. Arg. **Louis II et Angilberge**. + LVDOVVICVS INP. Croix sur 3 degrés. ℞. + ANGILBERGANP. Croix à 8 branches (LXI. 18). Petit denier. Arg. — Ens. 4 p.

82 **Louis III l'Aveugle**. *Vienne*. + LVDOVICVS. Croix. ℞. IV dans un grenetis (LXIII. 3) 2 p. **Henri l'Oiseleur**. *Verdun*. Deniers barbares 5 p. **Conrad**. *Lyon*. Croix. **Henri-le-Noir**. *Vienne*. + S. MAVRICIVS. Croix. ℞. + VRBS VIENNA. Monogr. Denier. Arg. — Ens. 9 p.

83 **Rodolphe III**. *Lyon*. + RODVLFVS. Croix. ℞. LVCVDVNVS. Temple (LXVII. 2). **Othon I**. *Metz*. Deniers barbares 3 p. Arg. — Ens. 4 p.

84 **Canut**, *roi pirate*. + CVN ∴ HET ∴ TI ∴ Croisette ℞. + <-:-CRHEH. Croix recroisettée. Denier. Arg. TB.

85 **CAPÉTIENS** (1). **Hugues Capet**. *Beauvais* + HERVEVS. HVGO. REX. Croix et 2 globules. ℞. BELVACVS CIVITAS. Monogr. CROLS (9). Denier. Bill. 2 p. B.

86 **Hugues** (fils de Robert). *Orléans*. Porte de ville accostée de H. V. G. O. Denier. 2 p. **Philippe I**. *Orléans* (10). **Louis VI**. *Pontoise* (6). *Orléans* (8). *Dreux* (16). *Nevers* (22). *Montreuil* (21). 2 p. **Louis VII**. *Paris* (1). 6 p. *Bourges* (5). *Angoulême* (18). 3 p. **Philippe II**. *Paris* (1). 2 p. *Arras* (3). *Tours* (13). 7 p. **Louis VIII**. *Paris* (1). 3 p. Deniers. — Ens. 38 p. Bill.

(1) Les numéros entre parenthèses se rapportent à l'ouvrage de Hoffmann: Monnaies royales de France.

87 **Louis IX.** *Gros tournois* (10). Arg. 5 p. — *Denier tournois* (13). Bill. 7 p. — *Obole* (14). Billon. — Ens. 13 p. B. et TB.

88 **Philippe III.** *Masse d'or.* PHILIPP : DEI : GRA : FRACHORV : REX. Le roi assis de face entre 2 lis. ℟. + XPC : etc. Croix feuillue cantonnée de 4 lis (3). Or. B.

89 *Gros tournois* (5). Arg. 4 p. — *Denier tournois.* (8). Bill. 2 p. — Ens. 6 p.

90 **Philippe IV.** *Agnel.* AGN. etc. Agneau pascal; dessous PH. REX. ℟. XPC. etc. Croix feuillue dans un quadrilobe (1). Or.

91 *Gros tournois à l'O rond* (5). *Maille tierce* (6). 5 p. *Gros tournois à l'O long* (8). 18 p. Arg. — Ens. 32 p.

92 La même pièce (8). 15 p. *Maille blanche* (9). Arg. *Denier tournois* (16). Bill. 28 p. — Ens. 44 p.

93 *Maille tournois* (18). Bill. 3 p. *Royal parisis* (20) 9 p *Double tournois* (23). 5 p. *Bourgeois fort* (26). 3 p. *Bourgeois simple* (28) 3 p. *Maille bourgeoise* (30) 13 p. — Ens. 36 p.

94 **Louis X.** *Gros tournois* (2). Arg. *Piéfort du double tournois* + LVDOVICVS REX. Croix. ℟. TVRONVS CIVIS. Châtel, usé (4). Bill. *Denier tournois* (5). 37 p. — (6). 3 p. — Ens. 42 p.

95 **Charles IV.** *Royal.* KOL. REX. FRACOR. Le roi sous un dais gothique. ℟. + XPC, etc. Croix feuillue dans une rosace cantonnée de 4 couronnelles (2). Or. B.

96 *Gros tournois* (6). Arg. *Maille blanche.* avec FRANCHORVM (7). — avec FRANCORVM (9). 4 p. *Double parisis.* Couronne. ℟. Croix fleurdelisée (10). Bill. 3 p. — Ens. 9 p.

97 **Philippe VI.** *Royal.* PH'S. REX. FRACOR. Le roi debout sous un dais gothique. ℟. + XPC. etc. Croix feuillue et fleurdelisée dans un quadrilobe cantonné de 4 couronnes (1). Or. B.

98 *Ecu d'or.* Le roi tenant l'écu fleurdelisé assis sur un siège gothique dans une rosace. ℟. + XPC. etc. Croix feuillue dans un quadrilobe cantonné de 4 trèfles (3). Or. TB.

99 *Lion d'or.* PH : DEI : GRA. FRANC : REX. Le roi assis sur un siège gothique, les pieds appuyés sur un lion couché. ℟. + XPC. etc. Croix feuillue et fleurdelisée dans un quadrilobe cantonné de 4 couronnes (6). Or. B.

100 *Pavillon d'or.* PHILIPPVS : DEI GRA : FRANCHORVM : REX. Le roi assis sous un pavillon fleurdelisé. ℟. + XPC : etc. Croix arquée et feuillue dans un quadrilobe cantonné de 4 couronnes (8). Or. B.

101 *Double royal d'or.* PH : DII : GRA. FRANC: REX. Le roi assis sous un dais. ℟. + XPC : Croix feuillue cantonnée de 4 couronnelles dans un quadrilobe orné d'angles (11). Or. B.

102 *Gros à la Couronne.* Croix divisant la légende. ℟. Châtel sous une couronne (25). Arg. *Gros à la fleur de lis.* Croix cantonnée d'un lis (29). Bill. 2 p. *Double parisis* (56). Bill. Ens. 4 p.

103 **Jean le Bon.** *Ecu d'or.* Le roi tenant l'écu fleurdelisé assis sur un siège gothique. ℟. + XPC. etc. Croix feuillue dans un quadrilobe cantonné de trèfles (1). Or. 2 p.

104 *Mouton d'Or.* + AGN'. etc. Agneau pascal nimbé; dessous IOH' REX, le tout dans une rosace. ℟. + XPC. etc. Croix feuillue cantonnée de 4 lis dans une rosace cantonnée de 8 lis (3). Or. B.

105 *Royal d'Or.* IOHES : DEI : GRA. FRANCORV : REX. Le roi sous un dais. ℟. + XPC. etc. Croix arquée cantonnée de 4 lis dans un quadrilobe (8). Or. B.

106 *Franc-à-cheval.* Le roi armé galopant à g. ℟. + XPC. etc. Croix feuillue dans un quadrilobe cantonné de 4 trèfles (10). Or. 2 p.

107 *Florin.* S. IOHANNES. B. St Jean debout. ℟. + FRANTIA. Grande fleur de lis (11). Or. B.

108 *Gros tournois à la queue*, dit Poillevillain (19). *Gros blanc à la couronne* (25). — Variété (28). *Gros blanc à la fleur de lis* (31). *Gros denier blanc* (32). *Gros blanc* (33). *Gros blanc aux 3 fleurs de lis* (37). *Gros blanc à la fleur de lis* (39). 3 p. Bill. — Ens. 10 p.

109 *Piéfort du gros blanc*, dit Compagnon. Croix. ℟. Châtel (42). Billon doré. *Gros blanc à l'étoile* (44). Bill. 2 p. *Double parisis* (58). 2 p. — Ens. 5 p.

110 **Charles V.** *Franc-à-pied.* KAROLVS. DI. GR. FRANCORV. REX. Le roi debout sous un dais. ℟. + XPC. etc. Croix feuillue cantonnée de 2 lis et 2 couronnes dans un quadrilobe (2). Or. TB.

111 La même pièce (2). Or. 2 p. B.

112 *Franc-à-cheval.* Le roi armé, galopant à g. ℟. + XPC. etc. Croix feuillue dans un quadrilobe cantonné de 4 trèfles (4). Or.

113 *Florin du Dauphiné.* + S. IOHANNES. B. St Jean Baptiste debout. ℟. + KROL. DPHS. V. Fleur de lis. Or. *Gros tournois* (6). Arg. *Blanc aux fleurs de lis* (7). Bill. 5 p. — Ens. 7 p.

114 *Ecu d'or.* Ecu couronné. ℟. + XPC. etc. Croix arquée, fleurdelisée dans un quadrilobe cantonné de 4 couronnelles (1). Or. 2 p. TB.

115 *Agnel.* + AGN: etc. Agneau dans une rosace ; dessous K. F. RX. ℟. XPC. etc. Croix feuillue cantonnée de 4 lis dans une rosace (3). Or. 2 p. B. et TB.

116 *Gros tournois* (14). 1 p. *Florette* (17). bg p. Bill. — Ens. 70 p.

117 *Blanc* dit *Guénar* (22). 31 p. *Demi-blanc* (26). 3 p. *Double tournois* (31). *Niquet* (34). *Denier tournois* (38). 2 p. *Obole* (41). Bill. *Ecu d'or de Charles VI*, faux. Bill. dédoré. — Ens. 40 p.

118 **Henri V.** *Florette* (6). *Double tournois* (11). 4 p. *Denier tournois* (12). Bill. *Gros de Calais.* Arg. — Ens. 7 p.

119 **Henri VI.** *Salut* (couronne). Deux écus ; au-dessus l'Annonciation ; l'ange de profil. ℟. (Couronne). XPC. etc. Croix longue entre un lis et un léopard dans une rosace (2). Paris. Or. TB.

120 (Léopard). Même type, l'ange de face (3). Rouen. Or. TB.

121 Même pièce. Paris. Or. TB. *Blanc aux écus* (6). 4 p. *Petit blanc aux écus* (7). *Maille tournois* (15). Bill. — Ens. 7 p.

122 **Charles VII.** *Agnel.* + AGN etc. Agneau dans une rosace ; dessous K. F. RX. ℟. + XPC. Croix feuillue cantonnée de 4 lis dans un quadrilobe alterné d'angles (1). Paris. Or. B.

123 *Ecu à la couronne*. Ecu cantonné de deux lis couronnés. ℞. + XPC. etc. Croix cantonnée de 4 couronnelles dans un quadrilobe (2). Tournai et Larochelle. Or. 2 p. B. et TB.

124 La même pièce. Toulouse. Or. — Autre avec couronnelle devant les légendes (6). Tours. Or. — Ens. 2 p. B.

125 *Demi-écu à la couronne*. (Couronne KAROLV : DEI : GRACIA : FR : REX. Ecu couronné. ℞. (Couronne) XPC : etc. Croix feuillue (8). La Rochelle. Or. B.

126 (Couronne) KAROLVS : DEI : GRA : FRANCORV : REX. La même pièce (8). Paris. Or.

127 *Royal*. Le roi debout sur champ fleurdelisé (9). Chinon. Or. B.

128 La même pièce avec FRANCORV (9). Orléans. Or. TB.

129 Type varié, le manteau du roi différent (9). Or. B.

129 *bis Grande plaque* (12). *Grand blanc au K*, dit des Gens d'armes (18). *Grand blanc à la couronnelle* (31). *Grand blanc* (36). 12 p. *Petit blanc* (38) 2 p. *Petit blanc aux fleurs de lis* (43). *Patard delphinal* (71). 2 p. Bill. — Ens. 20 p.

130 **Louis XI**. *Ecu au soleil*. (Couronnelle). Ecu timbré d'un soleil. ℞. XPC. etc. Croix fleurdelisée (1). Toulouse. Or. TB.

131 *Ecu à la couronne*. (Couronne). LVDOVICVS : DEI : GRA : FRANCOR : REX. Ecu accosté de 2 lis couronnés. ℞. XPC : etc. Croix feuillue cantonnée de 4 couronnes dans un quadrilobe (4). Toulouse. Or. TB.

132 *Gros de roi* (13). Perpignan. *Grand blanc à la couronne* (15). 3 p. *Grand blanc au soleil* (19). 2 p. *Grand blanc au soleil. Dauphiné* (24). *Double tournois* (29). 4 p. *Hardi* (34). 2 p. *Liard au dauphin* (36). *Maille tournois* (39). Bill. — Ens. 15 p.

133 **Charles VIII**. *Ecu au soleil* (lis). Ecu timbré d'un soleil. ℞. (Lis) XPS : etc. Croix fleurdelisée (2). Poitiers. Or. TB.

134 *Demi-écu au soleil*. Même lég. avec FRACORV et mêmes types (5). Paris. Or. B.

135 *Ecu au soleil. Bretagne*. Ecu timbré d'un soleil entre 2 hermines couronnées. ℞. + XPS : etc. Croix fleurdelisée cantonnée de 4 hermines couronnées (7). Nantes. Or. B.

136 *Ecu au soleil. Dauphiné.* Même lég. avec v. Champ écartelé de France-Dauphiné. ℟. XPS. etc. Croix fleurdelisée (8). Or.

137 *Douzain* (11). 5 p. *Blanc au soleil* (17). 2 p. *Carolus* (19). 10 p. *Carolus pour le Dauphiné* (22). *Carolus pour la Bretagne* (23). *Liard au K* (27). *Double tournois* (28) percé. *Denier tournois* (33) 2 p. *Petitparisis* (35). 3 p. *Herdi pour la Bretagne* (37). 2 p. *Liard au dauphin* (40). 3 p.; (41). 2 p. *Denier* (43). 2 p. Bill. — Ens. 35 p.

138 **Louis XII** (fleur de lis couronnée). LVDOVICVS : DEI : GRACIA : FRANCORV : REX : Ecu timbré d'un soleil. ℟. XPS : etc. Croix fleurdelisée (1). Lyon. Or. TB.

139 La même pièce. Toulouse. Or. Variété avec GRA. Bordeaux. Or. — Ens. 2 p. B.

140 *Ecu au soleil. Provence.* LVDOVICVS : XII : D : G : F : REX : PVIE : COMES : A : Même écu. ℟. Le précédent (3). Or. TB.

141 *Ecu au soleil. Dauphiné.* LVDOVICVS : DEI : GRACIA : FRANCORVM : REX. Champ écartelé de France-Dauphiné, timbré d'un soleil. ℟. Le précédent (manque à H.). Romans. Or. B.

142 La même pièce. Cremieu. Or. TB.

143 *Ecu aux porcs-épics.* + LVDOVICVS : DEI : GRACIA : FRANCOR : REX. Ecu accosté de 2 porcs-épics. ℟. XPS. etc. Croix tréflée cantonnée de 2 L et 2 porcs-épics (6). Or. B.

144 La même pièce (6). Or. TB.

145 *Ecu au porc-épic. Bretagne.* Ecu entre 2 hermines sur un porc-épic. ℟. Croix fleurdelisée cantonnée de 4 hermines couronnées (9). Rennes. Or.

146 *Ecu d'Anne de Bretagne.* Ecu de France accosté de deux porcs-épics. ℟. Croix fleurdelisée cantonnée de deux hermines et deux **A** couronnés (15). Nantes. Or.

147 *Douzain à la couronne* (26). 2 p. *Douzain du Dauphiné* (32). 2 p. *Douzain au porc-épic* (33). *Douzain à l'L couronné* (39). 4 p. *Double tournois. Dauphiné* (42). *Double tournois. Provence* (44). Bill. — Ens. 11 p.

148 **François I.** *Ecu au soleil.* Ecu timbré d'un soleil. ℟. Croix fleurdelisée (1). Paris. Or. Troué. — Croix cantonnée de 2 **F** couronnés (2). Or. — Ens. 2 p.

149 Même droit. ℟. Croix fleurdelisée cantonnée de 2 **F** et 2 fleurs de lis (4). St André. Or. B.

150 *Demi-écu au soleil.* Mêmes types (5). Or. TB.

151 *Écu au soleil.* Même droit. ℟. Croix cantonnée de 2 **F** couronnés et 2 lis (8). *Ecu à la Croisette.* Croisette dans une rosace (12). Bayonne. Or. — Ens. 2 p.

152 *Ecu du Dauphine.* Champ écartelé. ℟. Croix fleurdelisée (19). Crémieu. Or.

153 Même droit. ℟. Croix cantonnée de 2 **F** couronnés (20). Grenoble. Or. TB.

154 Même droit. ℟. Croix cantonnée de 2 couronnelles (21). Crémieu. Or. B.

155 Même droit. ℟. Croix cantonnée de 2 dauphins (23). Romans. Or.

156 *Ecu de Bretagne.* Ecu accosté d'un **F** et d'une hermine couronnés. ℟. Croix fleurdelisée cantonnée de 2 **F** couronnés et 2 hermines (25). Rennes. Or. TB.

157 *Teston du Dauphiné* (53). *Teston* (59). *Douzain* (92). *Dizain dit Franciscus* (101). 5 p. *Douzain à la Croisette* (108). 7 p. *Douzain à la Croisette. Dauphiné* (109). *Double tournois* (110). *Double tournois. Dauphiné* (111). 3 p. *Double tournois* (112) 4 p. (115). *Denier tournois* (117 et 121) 4 p. *Liard au dauphin* (124) 3 p. *Liard à l'***F** (125). *Liard de Provence* (127). Bill. — Ens. 35 p.

158 **Henri II.** *Double Henri d'or.* Buste cuirassé à dr. ℟. 1559. Croix formée par 4 **H** couronnés, cantonnée de 2 lis et 2 croissants (23). Rouen. Or.

159 *Henri d'or.* Même type. 1651, frappé sous Charles IX (24). Rouen. Or. B.

160 *Demi-teston.* Buste couronné. 1555 (34). *Teston au moulin.* 1554 (40). *Teston.* 1560 (sous François II). (59). 3 p. *Teston du Dauphiné.* 1561 (sous Charles IX). (60). *Demi-teston du Dauphiné.* 1560 (sous François II). (61). Arg. — Ens. 7 p.

161 *Teston.* 1558 (62). Bordeaux. *Demi-testons* (63). 2 p. *Testons* (65) 4 p. Arg. dont une fausse. *Gros de Nesle* (70). *Demi-gros de Nesle* (72). *Douzain aux croissants* (74). 35 p.

*Double tournois* (84). Bill. *Deniers pour épouser*. 2 p. Arg. — Ens. 47 p.

162 **François II et Marie Stuart**. *Demi-gros d'Ecosse*. **FM** couronnés. ℞. IAM NON SVNT DVO SED VNA CARO sur un cartouche. Arg.

163 **Charles IX**. *Ecu au soleil*. MDLXV. Ecu timbré d'un soleil (1). Tours. — Autre. MDLXVII. Paris. Or. — Ens. 2 p. TB.

164 Autre. MDLXVI. Bordeaux. — Autre. MDLXVII. La Rochelle. Or. — Ens. 2 p. B. et TB.

165 Autre. MDLXVIII. Paris. — Autre. An ℞. 1572. Rouen. Or. — Ens. 2 p. B. et TB.

166 *Demi-écu au soleil*. Mêmes types. 1566 (2). Limoges. Or.

167 *Teston*. Buste à g. ℞. Ecu entre 2 **C** couronnés. 1562 2 p. 1563, 1564, 1564 (10). — Autre. 1562 2 p. (12). Arg. — Ens. 7 p.

168 Autres. 1563, 1567, 1569, 1573, 1575. *Demi-testons*. 1564, 1569 (13). *Teston au K*. 1567, 2 p. 1569. Arg. — Ens. 10 p.

169 Autres. 1574, 1575 (25). *Demi-teston* (29). Arg. *Double sol* (31) 11 p. *Douzain* (34) 4 p. *Sol parisis* (43) 12 p. *Liard au* **C** (55). *Liard delphinal* (57). Bill. — Ens. 32 p.

170 **Henri III**. *Demi écu*. 1583 (5). Paris. Or. B.

171 *Ecu au soleil*. 1587 (6). Rouen. — Autre. 1577. Or. — Ens. 2 p.

172 Autre. 1578. Poitiers. Or. TB.

173 *Teston*. Buste au collet 1576 (8). — Toulouse. — Autres, 1575 2 p. 1576 (7). *Demi-teston*. 1577 (11). *Franc*. 1579 (20). Rouen. Arg. — Ens. 6 p.

174 Autres. 1578, 3 p., 1579, 1581. Arg. — Ens. 5 p.

175 Autres. 1577, 1579, 1581 2 p. 1586. Arg. — Ens. 5 p.

176 *Demi-franc*. 1587, 1588, 1590, date illisible. 2 p. (23). *Quart-de-franc*. 1577, illisible (24). Arg. — Ens. 7 p.

177 *Franc*. Buste fraisé. 1586 (25). Toulouse. *Demi-franc* (26). 3 p. *Quart-de-franc* (27). Arg. — Ens. 5 p.

178 *Quart d'écu* (29). 5 p. *Huitième d'écu* (31). *Gros de Nesle* (36). 8 p. *Demi-gros de Nesle* (38). 2 p. *Douzain* (42). 3 p. Bill. — Ens. 19 p.

179 **Charles X**. *Ecu au soleil*. 1590 (1). *Quart d'écu*. 1590. 3 p. 1591, 1592 (8). Arg. — Ens. 6 p.

180 **Henri IV**. *Quart d'écu* (28). 7 p. *Huitième d'écu* (22). 3 p. *Quart d'écu de Navarre* (29). 4 p. *Huitième d'écu de Navarre* (31). 2 p. *Quart d'écu de Béarn* (33). 3 p. *Huitième d'écu de Béarn* (33). Arg. — Ens. 20 p.

181 *Demi-franc*. Buste lauré (38). 2 p. *Douzain* (61) et (63). 2 p. *Douzains contremarqués* 3 p. *Douzains du Dauphiné* (64). 3 p. Bill. *Piéfort du double tournois*. 1607. Cuivre. — Ens. 12 p.

182 **Louis XIII**. *Demi-écu d'or*. 1613 (3). Troyes. Or.

183 *Ecu d'or*. 1616, 1636, 1641 (6). Or. — Ens. 3 p. B. et TB.

184 *Demi-écu d'or*. 1636 (9). Amiens. Or. B.

185 *Double louis*. LVD. XIII. D. G. FR. ET. NAV. REX. Tête laurée à dr.; dessous 1640. ℟. CHRS. REGN. VINC. IMP. Croix de 8 L couronnée et cantonnée de 4 lis (20). Paris. Or. TB.

186 *Louis*. Mêmes types. 1641 (22). Paris. Or. TB.

187 La même pièce. 1641. Or. TB.

188 La même pièce. 1641. Or. TB.

189 *Demi-louis*. Mêmes types. 1641 (24). Paris. Or. TB.

190 La même pièce. 1641. Or. TB.

191 La même pièce. 1643. Paris. Or. TB.

192 *Quart d'écu* (30). *Huitième d'écu* (33). *Quart d'écu* (43). 2 p. *Quart d'écu de Béarn* (47). 4 p. *Quart d'écu de Navarre* (49). *Demi-franc*. 1615 (60). *Quinze sols*. 1643 (89). Arg. Ens. 11 p.

193 *Louis d'argent de 60 sols*. Buste lauré, cuirassé et drapé à dr. ℟. 1643. Ecu (91). Paris. Arg. TB.

194 *Louis d'argent de 30 sols*. 1643 (94). Paris et Lyon. 2 p. *Quinze sols*. 1642 et 1643 (97). *5 sols*. 1642. 3 p., 1643. 3 p. (100). Arg. — Ens. 10 p. B.

195 **Louis XIV**. *Ecu d'or*. Ecu. ℟. 1646. Croix fleurdelisée (1). Paris. Or. TB.

196 *Louis*. Tête laurée, mèche courte. 1645. ℟. Croix de 8 L (6). Paris. Or. B.

197 *Demi-louis*. Mêmes types. 1645 (8). Paris. Or. B.

198 *Louis*. Tête laurée, mèche longue. 1650 (12). Argent. Or. TB.

199 *Lis d'or*. Croix de 4 lis couronnés. ℟. DOMINE ELEGISTI LILIVM. TIBI. 1656. Deux anges soutenant l'écu de France (20). Or.

200 *Louis*. Tête juvénile laurée. 1659. ℟. Croix de 8 **L** couronnés (22). Paris. Or. B.
201 Tête nue à dr. 1668. ℟. Le précédent (24). Paris. Or.
202 Même tête plus âgée. 1680. ℟. Le même (26). Lyon. Or. B.
203 Tête laurée avec perruque à longues boucles. ℟. SIT. etc. 1690. Ecu couronné (29). Aix. Or. TB.
204 *Demi-louis*. Mêmes types. 1692 (30). Rennes. Or.
205 *Double louis*. Tête laurée à dr. 1696. ℟. CHRS. etc. Quatre lis couronnés en croix, quatre **L** dans les angles (32). Paris. Or. TB.
206 *Louis* Mêmes types. 1693 (33). Lyon. Or. B.
207 Mêmes types. 1695. Lyon Or.
208 *Demi-louis*. Mêmes types. 1693 (34). Toulouse. Or. TB.
209 *Louis*. Tête laurée, cheveux courts. 1703. ℟. Croix de 8 **L** couronnés brochant sur le sceptre et la main de justice (36). La Rochelle. Or. B.
210 Tête laurée. 1704. ℟. 4 lis couronnés en croix, brochant sur le sceptre et la main de justice (39). Lyon. Or.
211 *Demi-louis*. Mêmes types (40). Caen. Or. B.
212 *Louis*. Tète laurée, perruque longue. 1709. ℟. Croix de 8 **L** couronnés, fleur de lis dans les angles (41). Lyon. Or. B.
213 *Demi-louis*. Mêmes types. 1711 (43). Besançon. Or. TB.
214 *Ecu blanc*. Buste lauré à dr., mèche courte. 1643, 1644 (55). TB. — Autre, mèche longue. 1647 (74). Arg. — Ens. 3 p.
215 *Ecu de France-Navarre*. Même tête. ℟. Ecu parti. 1655 (79). Arg.
216 La même pièce. 1657. Arg.
217 *Quart d'écu*. 1644 (44). *Demi-écu mèche courte*. 1644 (59). *Quart d'écu* (61). 2 p. *Demi-écu mèche longue*. 1650, 1652 (76). *Douzième d'écu de Béarn* (86). Arg. — Ens. 7 p.
218 *Quinze deniers*. LVD. XIIII. Buste enfantin. ℟. 1644. Ecu (70). Paris. *Ecu de Navarre-Béarn*. 1656 (83). Arg. — Ens. 2 p. B.
219 *Ecu blanc*. Buste juvénile lauré. 1665 (102). Aix. *Ecu du Parlement*. Buste avec cravate. 1679 (113). Rennes. Arg. Ens. 2 p. B.

220 *Demi-écu blanc.* 1667, 1669 (103). *4 sols.* 1674, 1675, 1676, 1677 (106). Paris et Lyon. 11 p. *2 sols.* 1674 (107). Paris. Arg. — Ens. 14 p. B et TB.

221 *Demi-écu,* dit *carambole.* Ecu écartelé de France et Bourgogne. 1685 (129). Paris. *Demi-écu aux huit* **L.** 1691 (134). 2 p. *Quart d'écu aux huit* **L.** 1690 (135). *4 sols* (138). 5 p. Arg. — Ens. 9 p. B et TB.

222 *Ecu aux huit* **L.** 1690 (133). Bayonne. *Ecu aux palmes.* 1695 (140). La Rochelle. *Demi-écu aux palmes.* 1693 (141). Lille. *Ecu carambole aux palmes.* 1694 (149). Lille. Arg. — Ens. 4 p.

223 *Ecu aux insignes.* Ecu rond brochant sur le sceptre et la main de justice. 1701, 1702 (153). Arg. — Ens. 2 p.

224 *Demi-écu aux palmes* (141). *Demi-écu aux insignes* (154). *Quart d'écu aux insignes* (155). *12e d'écu aux insignes* (156). *10 sols tournois* (169). 4 p. *20 sols* (171). 2 p. *10 sols* (172). Arg. — Ens. 11 p. B.

225 *Ecu aux 3 couronnes.* 1710. Clermont, 1712. Paris (188). Arg. — Ens. 2 p.

226 *5 sols* (173). 7 p. *Quart d'écu aux 3 couronnes.* 1711 (190). *Dixième, id.* (191). Arg. *Solde 15 deniers* (218). *30 deniers* (222). Bill. *Modène.* 15 soldi. 1705 (271). Bill. *Strasbourg.* XXX SOLS. 1682, 1685 (275). — X. SOLS. 1682 (277). Bill. — Ens. 15 p.

227 IIII SOLS. 1682 (278). 2 p. — II. SOLS. 1682, 1683, 1684, 1687 2 p. (279). — I. SOL. 1682 (280). Bill. — *33 sols.* 1705 2 p., 1707 2 p. (286). Arg. — Ens. 12 p. B.

228 *Demi-écu aux palmes.* Écu rond. ℞. Fleur de lis 1694, 1695 (281). *Quarante sols.* Buste cuirassé 1713 (287). *10 sols.* 1711 (289). Arg. — Ens. 4 p. B.

229 **Louis XV**. *Double louis* dit *de Noailles.* LVD. XV. etc. Tête couronnée à g. 1717. ℞. Quatre écus couronnés en croix, cantonnés par des lis (6). Paris. Or. TB.

230 *Louis à la croix de Malte.* 1718. Tête laurée à dr. ℞. Croix de Malte (230). Toulouse. Or. TB.

231 *Louis aux 2* L *couronnés* Buste jeune lauré. 1721. ℞. 2 L adossés, couronnés, entre 3 lis (11). Caen. Or. TB.

232 *Louis* dit *Mirliton*. Buste lauré. 1723. ℟. 2 L cursifs enlacés, couronnés et cernés de palmes (14). La Rochelle. Or. TB.

233 *Louis aux lunettes*. Buste drapé à g. ℟. 1733. Les 2 écus (16). Rouen. Or. TB.

234 *Demi-louis aux lunettes*. Mêmes types. 1726 (17). Rennes. Or. TB.

235 Mêmes types. 1726. Paris et Lille. 2 p. B.

236 *Double louis au bandeau*. Tête à g. ℟. Les 2 écus. 1759 (18). Toulouse. Or.

237 *Louis*. Mêmes types. 1756 (19). Aix. Or. TB.

238 *Demi-louis au bandeau*. Mêmes types. 1741 (20). Paris. Or. B.

239 *Écu* dit *Vertugadin*. Buste enfantin drapé. ℟. 1716. Écu rond (27). Dijon. Arg. B.

240 *10e d'écu Vertugadin*. 1716 (30). 2 p. *Strasbourg*. 40 sols. Écu accosté de 17-16 (32). Arg. — Ens. 3 p.

241 *Écu de Navarre*. Écu martelé. 1718, 1719 (34). Arg. — Ens. 2 p.

242 *Demi-écu de Navarre*. 1718 (35). *Quart d'écu de Navarre*. 1718, 1719 (36). *10e d'écu de Navarre*. 1719 (37). *20 sols de Navarre*. 1719, 1720 2 p. (38). *10 sols de Navarre*. 1719 (39). 3 p. Arg. — Ens. 10 p.

243 *Écu de France*. Buste lauré et drapé. ℟. Écu de France 1721 (40). Arg. B.

244 *Tiers d'écu de France*. 1720, 1721, 2 p., 1722 (42). *6e d'écu de France*. 1720, 1721 (43). *12e d'écu de France*. 1722 (44). Arg. — Ens. 7 p.

245 *Écu aux 8 L*. Buste lauré et cuirassé. ℟. 1725. Croix de 4 lis; autour 4 doubles L et 4 couronnes (45). La Rochelle. Arg. TB.

246 *Écu aux lauriers*. Buste habillé à g. ℟. 1727, 1728. Écu ovale, cerné de lauriers (50). Arg. 2 p.

247 *Demi-écu aux lauriers*. 1729, 1730 (51). *5e d'écu aux lauriers*. (52). 2 p. *10e d'écu aux lauriers* (53). 8 p. *20e d'écu aux lauriers* (54). 6 p. Arg. — Ens. 18 p.

248 *Écu au bandeau*. Tête à g. 1742, 1743, 1760 (56). Arg. 3 p.

249 *Petit écu au bandeau*. 1742, 1764 (58). *24 sols*. 1769 (59). 2 p. *12 sols* (60) 5 p. *6 sols* (61). Arg. — Ens. 10 p.

250 *Écu de 6 livres*. 1771. Contremarqué de 39 BZ et de l'écu de Vaud. Lyon. Arg.

251 *24 sols*, Tête vieillie (65). *12 sols* (66). 2 p. *6 sols* (67). 3 p. *Livre d'argent* de la Compagnie des Indes. 1720 (84). *2 royalins*. Inde (95). Arg. — Ens. 8 p.

252 **Louis XVI**. *Louis aux palmes*. LVD. XVI. etc. Buste habillé à g. ℞. 1774. Ecu brochant sur le sceptre et la main de justice, cerné de palmes (1). Paris. Or.

253 *Double louis aux lunettes*. Buste habillé à g. ℞. 1777. Deux écus ovales (2). Limoges. Or. TB.

254 *Louis aux lunettes*. Mêmes types. 1784 (3). Paris. Or. B.

255 *Double louis*. Buste nu à g. ℞. 1790. Ecus carrés (5). Bordeaux. Or. TB.

256 *Louis*. Mêmes types. 1786 (6). Lille. Or TB.

257 Mêmes types. 1788. Lyon. Or. TB.

258 *Ecu de 6 livres*. Buste habillé. 1777, 1783, 1905, 1790 (11). Arg. — Ens. 4 p.

259 1787, 1788, 1792. 3 p. — Ecu de 1776 contremarqué de Berne et de 40 B z. *Ecu constitutionnel* 1792. Arg. — Ens. 5 p.

260 *Petit écu*. 1789, 1791. 3 p. (13). *24 sols*. 1784, 1786. 2 p. 1789 (14). *12 sols* (15). 9 p. *6 sols* (16). 3 p. Arg. — Ens. 18 p.

261 *Louis constitutionnel*. LOUIS XVI. etc. Tête à g. 1793. ℞. REGNE DE LA LOI. Génie écrivant (59). Paris. Or. B.

262 *Ecu de 6 livres*. Mêmes types. 1792 (60). Paris. Arg.

263 *Petit écu*. 1792 (62). *30 sols*. 1791. 1 p., 1792, 5 p. (63). *15 sols*. 1791, 5 p., 1792, 1 p. (64). Arg. *2 sols*. 1792, formant boite. Cuivre. — Ens. 14 p.

264 **Révolution** (1). Dixain. 1791 (336). Métal de cloche. *Pièce d'essai* au Génie (424). 3 p. *Monneron* de 5 sols. Pièce formant boite, contenant une pièce de Louis XIII argent (431). Cuivre. *Lefèvre et Lesage*. 20 sols (440) 2 p. 10 sols (442). 4 p. — 5 sols (444). — *Potter*. 7 sols (448). Arg. — Ens. 13 p. B.

---

(1) Les numéros entre parenthèses sont ceux de Hennin. Révolution française.

265 **République.** *24 livres.* REGNE DE LA LOI. 1793. Génie écrivant. ℟. REPUBLIQUE FRANÇAISE. Dans une couronne 24 LIVRES (597). Paris. Or. TB.

266 *Six livres.* Mêmes types. 1793 (598). 3 p. Arg. TB.

267 *2 sols aux balances. Sol.* 7 p. *Essai de Dupré.* 2 p. *25 centimes.* An 3. *10 centimes. Décime.* *5 centimes.* 2 p. *Un décime.* 5 p. dont 2 formant boîte. *Centime. Répub. napolitaine.* 6 Tornesi. Cuivre. — *Martinique.* Demi-gourde. Arg. — Ens. 23 p.

268 *5 francs.* UNION ET FORCE. An 4 (748). Paris. Arg. TB.

269 **Guerres contre la France.** *Siège de Maestricht.* Ecu de 108 stuyvers. 1794 (640). Arg. TB.

270 *Siège de Luxembourg.* 72 as. 1795 (658). Arg.

271 *Bamberg.* François-Louis, évêque. Thaler de contribution 1795 (706). Arg. TB.

272 *Fulda.* Adalbert, évêque et abbé. Thaler. 1795 (710). Arg. TB.

273 *Wurtzbourg.* Georges-Charles, évêque. Thaler. 1795 (712). Arg. TB.

274 *Trèves.* Clément-Wenceslas, évêque. Thaler. 1794 (656). *Eichstatt.* Joseph, évêque. Demi-thaler. 1796 (774). *Francfort.* Thaler. 1796 (776). Arg. — Ens. 3 p. TB.

275 *République cispadane.* Ecu de 10 pauls de Bologne. 1796. — Demi-écu de 5 pauls. Arg. — Ens. 2 p. TB.

276 *République Romaine.* Liberté debout. Scudo. Arg. — Ens. 2 p. B et TB.

277 *République Napolitaine.* Scudo de 12 carlini. An 7. *République Cisalpine.* Scudo de 6 lire. An 8. *Gaule Subalpine.* 5 francs. An 10. Arg. — Ens. 3 p. B et TB.

278 **Consulat et Empire.** *20 francs.* L'Italie délivrée à Marengo. An 10. Or. B.

279 *40 francs.* Bonaparte 1er Consul. An XI. Paris. Or. TB.

280 La même pièce. An 12. Paris. Or TB.

281 *20 francs.* Mêmes types. An 12. Paris. Or. B.

282 La même pièce. An 12. Paris. Or. TB.

283 La même pièce. An 12. Paris. Or. TB.

284 *Essai de Lavoisier*, par Gengembre. An 8. 1 p. — An 9. 2 p. — Ens. 3 p.

285 *40 francs*. Napoléon empereur. ℟. République Française. Tête nue. 1806. Paris. Or. TB.

286 *20 francs*. Tête laurée. 1813. Paris. Or. TB.

287 Mêmes types. 1813. Différents. Poisson et mât. Utrecht. Or. B.

288 Mêmes types. 1813. Différent : proue à g. et c. l. Gênes. Or. B.

289 Mêmes types. 1815. Paris. Or. B.

290 *5 francs*. Napoléon empereur. ℟. République Française. An 12. Paris. — An 13. Turin. Arg. — Ens. 2 p.

291 Mêmes types. An 13. Paris. — 1806. Limoges. — 1809. Paris. Pièce contremarquée d'une tête de tigre. Arg. — Ens. 3 p. B et TB.

292 Tête laurée. Empire. 1813. Turin. — 1813. Différents : poisson et mât. Utrecht. Arg. — Ens. 2 p.

293 Mêmes types. 1815. Paris. Arg. TB.

294 *2 francs*. Tête laurée. 1815. Paris *Demi-franc*. 1808. Paris et Lyon. *Quart*. An 12. Arg. *Essai de Tiolier*. 1806. Cuivre ; centre argent. — Ens 5 p. TB.

295 *40 lire*. Napoléone imperatore e re. Tête à g. 1812. Milan. Or. TB.

296 *20 lire*. Mêmes types. 1812. Milan. Or. TB.

297 Mêmes types. 1814. Milan. Or. TB.

298 *5 lire*. Tête à dr. 1811. Milan. *Lira*. 1808. *15 soldi*. 1808. *10 soldi*. 1812. *5 soldi*. 1814. Arg. — Ens. 5 p.

299 *Barcelone*. Pièce de 20 pesetas. 1812. Or. TB.

300 5 pesetas. 1808. — Peseta. 1810. Arg. — Ens. 2 p. B.

301 *Iles de France et Bonaparte*. Aigle couronné. ℟. DIX LIVRES dans une couronne. 181e. Argent.

302 **Etats feudataires.** *Etrurie. Charles-Lonis et Marie-Louise*. Bustes affrontés. Ecu de Pise. 1807. — Bustes accolés à dr. Ecu de Florence. 1807. Arg. — Ens. 2 p. TB.

303 *Lucques. Félix et Elisa*. Bustes accolés à dr. 5 franchi 1806. — Franco. 1806, 1807. Arg. — Ens. 3 p.

304 *Joseph-Napoléon, roi d'Espagne*. Pièce de 80 réaux. 1811. Or. B.

305 La même pièce. 1813. Or. B.

306 *Joseph-Napoléon, roi des Deux-Siciles.* 120 grani. 1808. *Roi d'Espagne.* 20 réaux. 1812. — 10 réaux. 1812. Arg. — Ens. 3 p.

307 *Louis-Napoléon, roi de Hollande.* Tête à g. ℟. Armes. 1810. Ducat. Or. TB.

308 Même tête. ℟. Chevalier armé à dr. 1808. Ducat. Or. TB.

309 Tête à dr. ℟. Ecu écartelé. 1808. 50 stuyvers. Arg. TB.

310 *Jérôme-Napoléon, roi de Westphalie.* Tête laurée à g. ℟. X THALER. 1813. Or. TB.

311 20 frank. Même tête. 1809. Or.

312 10 frank. 1810. — 5 frank. 1813. Or. — Ens. 2 p. TB.

313 Tête à dr. Thaler. 1811. — Thaler des mines. 1811. Arg. TB. — Ens. 2 p.

314 Tête à g. 2/3 thaler. 1809. — Tête à dr. 2/3 thaler. 1811. — Armes. 24 mariengros. 1810. Arg. — 20 cent. Bill. 2 p. — 5 cent. 3 cent. 1 cent. Cuivre. — Ens. 8 p. B. et TB.

315 Tête laurée à dr. 5 frank. 1809. Arg.

316 *Joachim, duc de Berg et Clèves.* Tête nue à dr. Thaler. 1806. Arg. TB.

317 *Joachim-Napoléon,* roi des Deux-Siciles. Tête à g. 12 carlins. 1809. Arg. TB.

318 Même tête. 1813. 40 lire. Or. B.

319 Mêmes types. 1813. 20 lire. Or. TB.

320 Tête à dr. 1813. ℟. Armes. 5 lire. — 2 lire. 3 p. — Lire. 2 p. — Mezza lira. 2 p. Arg. — Ens. 8 p.

321 *Siège de Hambourg.* 32 schillinge. 1808. — Même type plus petit. 1809. Arg. — Ens. 2 p. TB.

322 *Marie-Louise, duchesse de Parme.* Tête à g. 1815. ℟. Armes 40 lire. Or. B.

323 Mêmes types. 1815. 20 lire. Or. B.

324 5 lire. 1815, 1832. 2 p. TB. — 2 lire. 1815. — Lira. 1815. 2 p. — 10 soldi. 2 p. — 5 soldi. 3 p. Arg. — Centesimo. Cuivre. — Ens. 11 p.

325 **Napoléon II.** *Essai de 5 francs. — Du demi-franc. — Du quart. — De 5 centimes.* 1816. Cuivre. — Ens. 4 p. TB.

326 **Louis XVIII.** *20 francs.* Buste habillé à dr. 1814. Paris. Or. TB.

327 La même pièce. 1814. Lille. Or. TB.

328 La même pièce. 1815. Paris. Or. TB.

329 *40 francs.* Tête à dr. ℞. Armes. 1819. Lille. Or. TB.

330 **Charles X.** *5 francs.* 1825 avec gravure satirique et 1827 contremarquée de trois v couronnés. *2 francs.* — *Franc.* — *Demi.* — *Quart.* Arg. **Henri V.** *Franc.* 1831. — *1/2 franc.* 1858. Arg. — *Essai.* 1839. Cuivre. — Ens. 9 p.

331 **Louis-Philippe.** *5 francs.* Tête nue à dr. 1830. Arg. — Ens. 2 p.

332 Même pièce incuse. — *5 francs.* 1831. — Tête couronnée, Incuse. — *Franc.* 1846. — *50 cent.* 1847. — *Quart.* — *25 cent.* Arg. — *Essais du décime.* 2 p. — *du 5 cent.* 2 p. — *du 2 cent.* 2 p. — *du centime.* 2 p. Cuivre. — Visite à la Monnaie de Rouen. 1831. Cuivre. — *10 cent.* Guyane. Bill. — Ens. 17 p.

333 **2e République.** *5 francs* à l'hercule. 1848, 1849. Arg. — *Essai de 5 francs* d'Alard, en piéfort. Concours 1878. Etain. — Ens. 3 p.

334 *Essais de 10 centimes*, 1848. Domard, Farochon, Magniadas, Moullé, Pillard, Rogat 2 variétés, et 2 inconnus. Cuivre. — Ens. 9 p.

335 *5 francs.* Louis-Napoléon Bonaparte. 1852, pièce dite à la mèche, signée J. J. BARRE. Arg. — Essai dédié à la princesse Mathilde. Cuivre. — Ens. 2 p. TB.

336 **Napoléon III.** *5 francs.* 1854. 3 p. Or. — *50 centimes.* 1852. — *20 centimes.* 4 p. Arg. — Ens. 8 p.

337 **3e République.** *5 francs*, frappée pendant la Commune. 1871. Différent : un trident. Arg. TB.

338 La même pièce en double exemplaire. Arg. TB.

339 La même pièce. — Tunisie. 2 francs. 1891. — 50 centimes. Arg. — Essai de Michelin. Nickel. 1890. Pièce perforée. — Ens. 4 p.

# MONNAIES FÉODALES

340 **Bretagne**. *Pierre Mauclerc. Jean III. Jean IV. François II.* Bill. Ens. 7 p. **Penthièvre**. *Guingamp*. Deniers. 39 p. **Anjou**. *Foulques. Geoffroi. Charles*. Deniers. 5 p. **Le Mans**. *Herbert*. 18 p. **Tours**. *St Martin*. Deniers et oboles. 19 p Bill. — Ens. 88 p.

341 **Vendôme**. *Anonymes*. Deniers. 14 p. **Châteaudun**. *Anonymes*. Deniers. 6 p. Bill. — Ens. 20 p.

342 **Déols**. *Raoul IV*. Deniers. 4 p. **Gien**. *Geoffroi*. Deniers. 6 p. **Limoges**. *St Martial*. 3 p. **Melle**. *Louis*. Deniers. 2 p. — Obole. 1 p. **Poitou**. *Richard-Cœur-de-Lion*. Deniers. 6 p. — Obole. 1 p. **La Marche**. *Hugo*. 4 p. **Angoulême**. *Louis*. Deniers. 4 p. — Obole. e p. Bill. — Ens. 32 p.

343 **Bordeaux**. *Guillaume*. Denier. 1 p. — Oboles. 5 p. **Aquitaine**. *Eléonore*. Denier. *Edouard III*. Deniers. 2 p. *Le Prince Noir*. Hardi. 1 p. **Béarn**. *Centulle*. Deniers. 2 p. — Obole. 1 p. *Catherine*. Blanc. *Henri II*. Liards. 7 p. Bill. **Navarre**. *Jeanne d'Albret*. Testons. 2 p. *Henri II*. Franc. — Quart d'écu. 2 p. Arg. — Ens. 26 p.

344 **Toulouse**. *Anfos*. Denier. **Melgueil**. Deniers. 9 p. — Oboles. 3 p. **Alby**. *Raymond*. Deniers. 4 p. — Oboles. 3 p. **Cahors**. Deniers. 6 p. — Obole. 1 p. **Perpignan**. 1592. Sol sanar. **Provence**. *Alphonse*. Obole. *Charles I*. Deniers. 3 p. Bill. *Charles II*. Carlin. Arg. *Robert*. Sol coronat. *Jeanne*. Sols 2 p. Arg. — Ens. 36 p.

345 **Avignon**. *Innocent VI*. Carlin. *Sixte IV*. Carlin. *Pie IV*. Gros. 3 p. *Sixte-Quint*. 1588. Douzain. *Clément VIII*. Jules. 2 p. *Paul V*. Demi-gros. *Urbain VIII*. Jules 2 p. *Alexandre VII*. Carlin. Arg. — Ens. 12 p.

346 **Orange** *Raimond IV*. Florin. Or. — Carlin. Arg. **Valence**. Deniers. 3 p. — Obole. 1 p. **Gap?** (ou Clermont). Deniers. 4 p. **Vienne**. 4 p. **Lyon**. Deniers. 6 p. **Dombes**. *Louis*. Liard. *Marie*. Liards. 4 p. Bill. *Gaston*. Denier. Cuivre. — Ens. 26 p.

347 **Besançon**. *Evêché*. Deniers. 2 p. **Besançon**. *Charles Quint*. Carolus. 1544, 1553, 1564, 1619, 1622. Bill. Ens. 6 p. — Grand écu à l'empereur debout. 1663. **Châtelet Vauvilliers**. Denier ébréché. **Bourgogne**. *Hugues IV*. Denier. *Eudes IV*. Denier. *Philippe-le-Hardi*. Blanc. *Jean-sans-Peur*. Blancs. 4 p. *Philippe-le-Bon*. Blanc aux écus. — Maille. *Charles-le-Téméraire*. Blanc. **Auxerre**. Denier. Bill. — Ens. 21 p.

348 **Provins et Sens**. *Henri I*. *Thibault IV*. Deniers. 8 p. **Reims**. *Samson*. 2 p. *Guillaume I*. 2 p. **Troyes**. 2 p. Bill. **Rethel**. 2 p. Cuivre. **Laon**. 2 p. Bill. *Châteaurenard*. Cuivre. — Ens. 19 p.

349 **Flandre**. *Louis de Male*. Quart d'écu. Or. — Gros. Arg. 2 p. — Ens. 3 p.

350 LVDOVICVS, etc. Le comte armé galopant à g. ℞. XPC. etc. Croix feuillue dans un quadrilobe. Franc à cheval. Or. B.

351 *Philippe-le-Bon*. PHS. etc. Le duc galopant à dr.; sous le cheval FLAND. ℞. + SIT. etc. Écu sur une croix feuillue. Franc-à-cheval. Or. B.

352 PHS. etc. Lion assis à g. sous un dais gothique. ℞. + SIT. etc. Écu sur une croix feuillue. Lion d'or. TB.

353 *Charles-le-Téméraire*. Florin au saint André. Or. — Blanc. Arg. — Maille de Philippe-le-Bon. Cuivre. **Hainaut**. *Marguerite de Constantinople*. Petit gros. 2 p. Arg. — Ens. 5 p.

354 **Lorraine**. *Ferri III*. Deniers. 2 p. *René II*. Gros. 3 p. *Antoine*. Plaque. *Charles III*. Testons. 3 p. Demi-teston. 1 p. Divisions 12 p. *Henri*. Divisions 12 p. *Charles IV et Nicole*. 1 p. *Léopold*. Masson. 1 p. — 30 deniers. 2 p. Bill. — Ens. 38 p.

355 **Metz**. (Évêché). *Adalbéron*. *Othon*. *Othon et Thierry*. Deniers provenant d'une trouvaille. 97 p. *Jacques*. Deniers. 7 p. Arg. — Ens. 104 p.

356 **Metz**. (La ville). *Florin* au saint Étienne dans une épicycloïde. Or. TB.

357 **Épinal**. *Deniers du XIII*[e] *siècle*. (provenant d'une trouvaille). 237 p. Arg.

358 **Alsace**. *Ferdinand-le-fort*. Buste armé à dr. Thaler boite. *Rodolphe II*. Buste à dr. Thaler. **Hanau-Lichtenberg**. *Frédéric-Casimir*. Buste à dr. 1675. Florin. Arg. — Ens. 3 p.

359 **Murbach**. *Ferdinand II*. Buste de St Léger à dr. ℟. Aigle impériale. Thaler. Arg et un écu coulé. — Ens. 2 p.

360 **Strasbourg**. *Ducat*. Armes de la ville. ℟. Légende sur un cartouche. Or. TB.

361 Bractéates. 2 p. — Kreutzer au lis. 7 p. — Kreutzer à l'écu. 1 p. — Gros ou Schilling. 2 p. — As. 7 p. — Florin de 60 Kreutzer. Arg. — Ens. 20 p.

# MONNAIES ÉTRANGÈRES

362 **Saint-Empire germanique**. *Ferdinand I*. Buste couronné à dr. 15-29; dessous TVRK BLEGERT WIGN. ℟. Croix cantonnée de 4 écus. Carré. Or. — Même pièce sans la tête. Arg. — Thaler. 1558. Arg. — Ens. 3 p.

363 *Rodolphe II*. Buste armé à dr. 1582. Thaler. — Buste fraisé à dr. 1605, 1610. Thalers du Tyrol. *Ferdinand III*. Buste couronné à dr. Thaler de Carinthie. Arg. — Ens. 4 p.

364 Quart de ducat du Couronnement. 1625. — Demi-thaler. 1656. Arg. *Léopold I*. Tiers de ducat de Silésie. 1681. Or. — Thaler du Tyrol. 1699. Arg. — Ens 4 p.

365 *Joseph I*. Buste lauré à dr. Thaler du Tyrol. 1706, 2 p, 1710. Arg. — Ens. 3 p.

366 *Charles VI*. Huitième de ducat de Styrie. 1728. Or. — Thaler du Tyrol, 1714, 1716. — Thaler de Styrie. 1723. — Thaler du Tyrol, 1733. Arg. — Ens. 5 p.

367 *Marie-Thérèse*. Thaler. 1762. — Demi-thaler. 1767. Arg. — 15 Kreutzer. 1775. Bill. — Thaler. 1780 Arg. *Joseph II*. 20 Kreutzer. 1787. Bill. *François II*. Thaler. 1799. Arg. — Ens. 6 p.

368 **Autriche**. *François I*. Thaler. 1819. Arg. — Couronnement. 1804. Arg. — 20 Kreutzer 1809, 1815, Bill. *Ferdinand*. Florin. 1842. Arg. — 20 Kreutzer. Bill. *François-*

*Joseph*. Mariage. 1854. Arg. — Thaler. 1858. — 25e anniversaire de son mariage. 1879, 2 p. — Tir à Vienne, 1868, 1880, 1885. Arg. — Ens. 13 p.

369 **Tyrol**, (les Archiducs). *Ferdinand-le-fort*. Thaler. *Maximilien*. 1615. Thaler. *Léopold*. 1620. Thaler. *Léopold et Claudia*. Double thaler. Arg. — Ens. 4 p. TB.

370 **Hongrie**. *Mathias Corvin*. Ducat à la Vierge et saint Ladislas. Or. *Ferdinand I*. Kreutzer. 1555. *Mathias II*. Buste couronné à dr. 1613. Thaler. *Ferdinand III*. Thalers. 1653. *Léopold I*. Thalers. 1691 troué, 1699. Arg. — 15 Kreutzer. 1665. Bill. — Ens. 8 p.

371 *Joseph I*. Tiers de ducat du Couronnement. 1689. Or. *Charles VI*. Thaler 1735. — Demi-thaler. 1739. Arg. *Marie-Thérèse*. 28 Kreutzer, 1750, 1778. Bill. *Joseph II*. Thaler. 1782. Arg. *François II*. Ducat. 1792 Or. *Ferdinand*. 20 Kreutzer. Bill. *François-Joseph*. Florins, 1869, 1878 Arg. — Ens. 10 p.

372 **Prusse**. *Frédéric III*, électeur de Brandebourg. 2/3 thaler 1691. *Frédéric II*. Thalers. 1785. 2 p. — Demi-thaler. 1767. — Hommage de Berlin. 1710. Arg. *Frédéric-Guillaume*. Thaler. 1791 *Frédéric-Guillaume III*. Thaler, 1802. — Tiers de thaler. *Frédéric-Guillaume IV*. Double thaler. 1856. — Divisions. 4 p. Bill. — Ens. 13 p.

373 **Bavière**. *Maximilien Joseph*. (Électeur). Thalers, 1758, 1770. Arg. (Roi). Thalers, 1800, 1816. 2 p. *Louis I*. Florins. 1838, 1841. Arg. — Divisions. 2 p. Bill. — Ens. 10 p.

374 **Hanovre**. *Georges I*. 2/3 thaler. 1719. Arg. *Georges III*. 2/3 thaler. 1784. — 1/6 thaler. 1776. Arg. — Divisions. 2 p. Bill. — Ens. 5 p.

375 **Saxe** (Electorat). *Jean-Frédéric* et *Henri*. Thaler. 1540. *Auguste I*. Thaler. 1563. *Christian, Jean-Georges et Auguste*. Thaler. 1595. — Autre. 1609. Arg. *Christian II*. Ducat pour les enfants. 1616. Or. — Ens. 5 p.

376 *Jean-Georges I*. Ducat du vicariat à la mort de Mathias. 1619. Or.

377 Thalers. 1623. 3 p. — Thaler du centenaire de la Confession d'Augsbourg. 1630. Arg. — Ens. 4 p.

378 *Frédéric-Auguste I.* L'Electeur galopant à dr. 1711. Double ducat du vicariat. Or. TB.

379 Quart de ducat. 1696. Or. — Thaler du vicariat à la mort de l'empereur Joseph. 1711. Arg. — Ens. 2 p. TB.

380 *Frédéric-Auguste II.* Ducat du vicariat. 1741. Or. — Thaler du vicariat. 1741. Arg. — Ens. 2 p. TB.

381 *Frédéric-Auguste III.* Thaler. 1767. — Tiers de thaler. 1793. *Frédéric-Auguste roi.* Thaler. 1815, 1821. *Frédéric-Auguste V.* Double thaler. 1847. Arg. — Ens. 5 p.

382 **Wurtemberg.** *Guillaume.* Thaler. 1833. — Florin. 1847. Arg. — 3 kreutzer. Bill. **Bade.** *Léopold.* Kronenthaler. 1832. Arg. — Ens. 4 p.

383 **Brandebourg-Franconie.** *Frédéric.* Florin de Schwabach. Or. *Alexannre.* Thalers. 1769, 1780. Arg. — Ens. 3 p.

384 **Brunswick.** *Chrétien.* Thaler. 1630. *Chrétien-Louis.* Thalers. 1650, 1660. *Jean-Frederic.* 24 mariengros. 1674, contremarqué de Strasbourg. Arg. — Ens. 4 p.

385 *Ernest-Auguste.* Unthaler et demi, pour les mines. 1681. Arg. TB.

386 *Rodolphe-Auguste.* 12 gros. 1675. Bill. *Charles.* 1/3 de thaler. 1764. — 16 gros. 1786. — 6e de thaler. 1784. Arg. **Hesse.** *Frédéric II.* 40e de mark. Arg. *Guillaume II.* Tiers de thaler 1823 et divisions. 4 p. Bill. — Ens. 10 p.

387 **Hohenstein.** *Ernest III.* Thaler au saint André. **Lœvenstein.** *Charles.* Thaler. 1769. **Œttingen.** *Charles-Wolfgang, Louis et Martin.* Thaler au titre de Charles Quint. 1546. **Palatinat.** *Charles-Théodore.* Thalers. 1765, 1775. Arg. — Ens. 5 p.

388 **Saxe-Altenbourg.** *Jean-Philippe, Frédéric, Jean-Guillaume et Frédéric-Guillaume II.* Demi-thaler. 1623. Arg. **Saxe-Weimar.** *Guillaume.* Quart de ducat. 1660. Or. **Saxe-Weimar-Altenbourg.** *Jean-Ernest.* 2/3 thaler. 1677. **Saxe-Cobourg-Saalfeld.** *Ernest-Frédéric.* Thaler. 1765. — 2/3 thaler. 1760. **Saxe Meiningen.** *Bernard.* Florin. 1833. Arg. — Ens. 6 p.

389 **Schwartzenberg**. *Ferdinand et Marie-Anne*. Bustes à dr. ℟. Ecus accolés. Thaler. 1696. **Cologne**. *Herman VI*. Florin au Christ assis. 1491. Or. — Ens. 2 p. TB.

390 **Munster**. *Christophe Bernard de Galen*. Thaler pour la prise de la ville. 1661. 3 p. *Clément-Auguste*. 12ᵉ de thaler. 1745. *Maximilien-Frédéric*. 1/3 de thaler. 1765. **Olmütz**. *Charles de Lorraine*. Thaler. 1705. Arg. — Ens. 6 p. TB.

391 **Ordre teutonique**. *Maximilien*. Le grand maitre à pied. ℟. Cavalier. 1603. Thaler. 2 p. — Tiers de thaler. 1612. — Double thaler. 1614. Arg. — Ens. 4 p. B et TB.

392 **Saltzbourg**. *Paris de Lodron*. Thalers. 1620, 1639. — Neuvième d'écu sur flan caaré. 1644. *Jean-Ernest de Thun*. 15 kreutzer. 1689. **Trèves**. *Jean-Philippe*. Thaler. 1764. Arg. — Ens. 5 p.

393 **Aix-la-Chapelle**. 3 gros. 1754. Bill. **Augsbourg**. *Ferdinand III*. Thaler. 1542. *Charles VII*. Thaler. 1744. **Brisach**. Thaler de 48. Flan carré. 1633. Arg. — Ens. 4 p.

394 **Francfort**. *Sigismond*. Florin au Sᵗ Jean Baptiste. Or. — Gulden. 1843, 1848. — 2 gulden de la paix religieuse. 1855. — Double thaler. 1862. — Thaler. 1859. Arg. — Ens. 6 p.

395 **Hall**. *François I*. Thaler. 1746. **Hambourg**. *Charles VI*. 8 schilling. 1728. *François II*. 32 schilling. 1796. **Hermanstadt**. Renard issant. 1567. Thaler obsidïonal uniface. **Lubeck**. Thaler. 1752. Arg. — Ens. 5 p.

396 **Nuremberg**. Florin au Saint Laurent. 1509. *Ducat carré à l'agneau pascal*. 8ᵉ de ducat. Or. *François II*. Thalers. 1759, 1763. 2 p. Arg. — Ens. 5 p.

397 **Suisse**. *République helvétique*. 5 batzen, 1 batz, 1/2 batz, 1 rappen. Bill. **Argovie**. 5 batzen. Bill. 2 p. — Ens. 6 p.

398 **Bâle**. *Sigismond*. Florin à la Vierge. Or. 2 p.

399 *Frédéric V*. Florin à la Vierge. Or. 2 p.

400 Thaler à la crosse. 1640. — Quart de thaler. 1740. — Vue de la ville. 1793. Thaler. — 5 francs du tir. 1879. Arg. — Ens. 4 p. B et TB.

401 **Berne**. Doublon à l'écu de la ville. 1796. Or. TB.
402 David jouant de la harpe. Prix d'école. 1734. — Ruche. Prix de diligence. — Écu de 4 francs. 1795. — Écu de 2 francs. 1797. Quart d'écu. 1797. — Divisions. Arg. et Bill. 24 p. — 5 francs du tir. 1885. Arg. — Ens. 30 p.
403 **Fribourg**. Divisions. Arg. et Bill. 4 p. — 5 francs du tir 1881. **Genève**. Thaler. 1723. — 12 florins 9 sols. 1795. — 6 florins 4 sols 6 deniers. Arg. — Divisions. Arg. et Bill. 14 p. — 5 francs. 1848. Arg. — Ens. 23 p.
404 **Lucerne**. Écu de 4 franken. 1814. Arg. — Divisions. 2 p. Bill. *Beromunster*. 1/2 écu. Arg. **Neufchâtel**. *Frédéric Guillaume III*. 21 batz. 1799. Arg. — Divisions. 2 p. Bill. Ens. 7 p.
405 **Niedwald**. 5 francs du tir. 1861. **Saint Gall**. Thaler. 1622. *Beda Anghern*. Abbé Thaler. 1780. Arg. — Ens. 3 p. TB.
406 **Schaffhouse**. 5 francs du tir. 1865. **Schwitz**. 5 francs du tir. 1867. **Soleure**. 20 batz 1795. — Divisions. 3 p. Arg. et Bill. **Tessin**. 4 franchi 1814. — 5 francs du tir. 1883. Arg. **Thurgovie**. Divisions 3 p. Bill. — Ens. 11 p. B. et TB.
407 **Valais**. *Nicolas*. Thaler coulé. 1498. Arg. — Divisions. 3 p. Bill. **Vaud**. Divisions. 5 p. Bill. — 5 francs de La Chaux-de-Fonds. — 5 francs de Lausanne. **Zug**. Thaler. 1622. — Quarts d'écu. 1612, 1616. Arg. — Divisions. 3 p. Bill. — 5 francs du tir. 1869. Arg. — Ens. 18 p.
408 **Zurich**. Quart de ducat. 1677, 1692. — Demi-ducat. 1776. Or. — Thalers 1761, 1773. Arg. — Divisions. Arg. et Bill 5 p. — 5 francs de tir. 1872. Arg. — Ens. 11 p.
409 **Angleterre**. *Henri III*. Deniers. 2 p. *Edouard III*. Deniers. 2 p. Arg. *Edouard IV*. Noble à la rose. Or. *Edouard VI*. Gros de Londres. — Pennies. 3 p. Arg. — Ens. 9 p.
410 *Henri VII*. Ange d'or au saint Michel. Or. 2 p.
411 *Henri VIII*. Divisions. 2 p. Arg. *Charles I*. Shilling. Arg. doré. *Charles II*. Shilling. 1668. *Guillaume III*. Shillings 3 p. *Anne*. Shilling. *Georges II*. Shillings. 4 p. — Double shilling. 1746. *Georges III*. Shillings et divisions. 5 p. — Bank-token. Dollar. 1804. — 3 shillings. 1815. — 1 shilling 1/2. — 18 pence. — Shilling. — 10 pence. *Georges IV*. 5 shillings. — Shilling. Arg. — Ens. 26 p.

412 *Guillaume IV.* Shilling. — Four pence. **Victoria.** 5 shillings. — Halfcrown. — 2 shillings. — Shillings. 7 p. — Divisions. 5 p. Arg. — Essais. 2 p. avec centre autre métal. *Edouard VII.* Shilling. Arg. — Ens. 21 p.

413 **Espagne.** *Rois wisigoths.* Liuva. Sisebut. Sisenand. Wamba. Rodrigue. Reccarède. Triens faux. 6 p. Or. *Sanche IV.* Denier. Bill. *Henri IV.* Réal. Arg. — Ens. 8 p.

414 *Ferdinand et Isabelle.* Leurs bustes couronnés et affrontés. ℞. Écu sur un aigle. Double ducat Or.

415 Réaux. Arg. 11 p. dont 2 dorées. *Charles I et Jeanne.* Réal. — Demi-réaux. 2 p. Arg. — Ens. 14 p.

416 *Philippe II.* Pièce de 2 écus d'or. — 8 réaux. — 4 réaux, 2 p. Arg. *Philippe III.* 4 réaux. — Réal. Arg. — Ens. 6 p.

417 *Philippe IV.* Pièces rognées. 3 p. Or. — 8 réaux. — 4 réaux. — 2 réaux. 2 p. — Divisions. 3 p. Arg. *Charles II.* 4 réaux. — Réal. 2 p. Arg. — Ens. 13 p.

418 *Charles III, prétendant.* 2 réaux. 1707, 1708, 2 p., 1711 2 p. Arg. — Ens. 5 p.

419 *Philippe V.* Quadruple, 1704. Or. — Divisions. 2 p. — Écu d'or. 1740. — Ens. 4 p.

420 8 réaux. 1718, 1729, 1737, 1739. — 4 réaux. 1734. — 2 réaux. 10 p. — Réal. 3 p. — Divisions. 4 p. Arg. — Ens. 22 p.

421 *Louis I.* 2 réaux. 1724. dont 1 percé. Arg. — Ens. 2 p.

422 *Ferdinand VI.* 8 réaux. 1755. — 2 réaux. 1758. 3 p. dont 1 dorée. — Réaux. 3 p. — Divisions. 2 p. Arg. et 1 Cuivre. Ens. 10 p.

423 *Charles III.* Buste à dr. 1780. ℞. Grand écu dans le collier de la Toison d'Or. Quadruple. Or. TB.

424 Demi-quadruple 1787. Or.

425 Pistole. 1779. — Écu d'or. 1786. 2 p. Or. — 8 réaux. 1778. — 4 réaux. 1788. — 2 réaux. 9 p. — Réaux. 3 p. — Divisions. 6 p. — 1 pièce contremarquée en Chine. Arg. — Ens. 24 p.

426 *Charles IV.* Buste habillé à dr. 1801. ℞. Armes dans la Toison d'Or. Deux écus. Or. — Ecu d'or, percé. — Ens. 2 p.

427 Pesos. 1791. 2 p., 1807. — 4 réaux. 1792. — 2 réaux. 1790, 1884, 1808. — Divisions. 4 p. — 4 réaux de proclamation Lima. 1789. 2 p. Arg. — Ens. 13 p.

428 *Ferdinand VII*. 2 écus. 1811. Or. — Pesos. 1821. 2 p. Arg. Pess des Baléares. 1823. — 4 réaux. 1812. Arg. — Divisions. 1 p. arg., 2 p. cuivre. — Ens. 8 p.

429 Pesos, 1818, 1820, 1820. — Tarragone, 5 pesetas, 1809. — Majorque, 30 soui, 1808 flan carré et 1821 flan rond. Arg. — Ens. 6 p.

430 8 réaux. 1811. — 20 réaux de 1822. — Tarragone, 5 pesetas 1809. — Gérôme. douro. 1808. Arg. — Ens. 4 p.

431 *Isabelle II*. 20 réaux de 1837, 1855, 1857. 3 p. — 2 écus. 1868. — 10 réaux. 5 p. — 4 réaux. 8 p. — Divisions. Arg. 8 p. — Ens. 25 p.

432 *Amédée*. 5 pesetas. 1871. — Révolution cantonaliste. 1873. *Alphonse XII*. 50 cent. de peso. *Alphonse XIII*. 40 cent. de Puerto-Rico. — 1 peso des iles Philippines. Arg. — Ens. 5 p..

433 **Aragon**. *Pierre IV*. Florin. *Jeanne et Charles*. Réal. *Philippe III*. Réal. 1611. **Barcelone**. Deniers. Arg. 5 p. *Martin*, *Jacques II*, *Alphonse IV*, *Pierre IV*, *Alphonse V* *Ferdinand III*. 3 p. *Philippe II*, Croats. — Divisions 9 p. Arg. — Ens. 26 p.

434 **Valence**. *Martin*. Réal de plata. Ferdinand I. Réal de plata. *Charles I*. Réal de plata. *Philippe II, Philippe III, Philippe IV*. Divisions. Arg. 10 p. — Ens. 13 p.

435 **Majorque**. *Sandre*, *Jacques*. Deniers et obole. *Ferdinand I*. Réal. *Philippe II*. Réal. Arg. **Portugal**. *Jean V*. 400 réaux d'or. 1746. — 1703. Or. *Marie II*. 400 reis. 1834. Arg. — Ens. 11 p.

436 **Pays-Bas**. *Philippe le Beau*. Florin Philippus de Flandre. Buste du saint sur l'écu. 2 variétés. Or.

437 Demi-florin d'or philippus. — Toison d'argent. — Double sol. Arg. – 4 mites, 2 mites, courte. 4 p. Cuivre. — Ens. 7 p.

438 *Charles-Quint*. Buste à mi-corps de face, tenant l'épée et le globe. ℟. Double aigle portant l'écu. Réal d'or de Brabant.

439 Ecu à l'aigle bicéphale. ℟. Grand écu. Réal d'or de Flandre.

440 Buste de l'empereur couronné à dr. ℟. Ecu des Pays-Bas. Florin Carolus. — Réal d'argent. — Carolus. Brabant. Ens. 3 p.

441 *Philippe II.* Buste à g. Philippus-daldre de Tournai. — Cinquième de Daldre. Brabant, 2 p. Flandre, Hollande, Tournai. — Ens. 5 p. — Dixième de Daldre. Brabant, Flandre. — Quart de patagon. 1568. Flandre. — Ens 9 p.

442 *Albert et Isabelle.* Double albertin pour le Brabant. 1602. Or.

443 Double florin d'argent, Brabant. Les 2 bustes en regard. 1600. Flan épais. Arg.

444 Ducaton pour le Brabant. Les deux bustes accolés à dr. 1619. ℟. Ecu tenu par 2 lions. Arg. — Patagon. 1621. — Escalin au paon. — 1/2 sol. 2 p. *Philippe IV.* Patagon. 1637 pour le Brabant. — 1/2 patagon. 1631, 1645. — Escalin de Tournai. 1626. — Sol. Brabant. 1633. Arg. — Ens. 10 p.

445 *Charles II.* Ducaton du Brabant. 1666. — 4 patards. 2 p. *Philippe V.* Ducaton du Brabant. 1703. 2 p. — Escalin. 1709. *François I.* Couronne. 1763. *Marie-Thérèse.* Couronne. 1768. *Léopold II.* Couronne de Flandre. 1792. Arg. — Ens. 9 p.

446 **Liège.** *Maximilien-Henri de Bavière.* Ecu. 1664. Buste à nr. ℟. Ecu couronné. Arg. TB.

447 **Hollande.** *Guillaume de Bavière.* Ecu d'or à la chaise, dit Klinkaert. Or. B.

448 *Guillaume V.* Le duc armé debout. ℟. Ecu écartelé. Florin. Or. — Daldre des Provinces. 1675. Arg. — Ducat d'Utrecht. 1800. Or. — Ens. 3 p.

449 **Nimègue.** Sol. 1691. Bill. **Frise.** Ducat à l'homme armé. 1611. Or. **Westfrise.** Daldre de Leicester. 1601. Arg. **Over Yssel.** Ducat. 1648. Or. **Zélande.** Gulden. 1791. — Division. Arg. **Utrecht.** Daldre. 1780. Arg. — Ens. 7 p.

450 **Deventer.** *Charles-Quint.* Florin. 1623. Or. — Autre pièce variée, sans date. Or. **Deventer, Campen** et **Zwolle.** 1546. Florin aux 3 écus. Or. **Groningue.** Ecu obsidional de 50 stuyvers. 1672. Flan carré. Arg. — Ens. 4 p.

451 **Bénévent**. *Arichise II*. DNSVI CTORIA. Buste diadémé de face. ℟. VITVRV-VGVTV. Croix potencée; à g. A. Triens. Or. TB.

452 **Gênes**. Ecu au portail génois. 1541. Or. — Petites divisions. Arg. — Ens. 4 p.

453 *République ligurienne*. 1804. 96 lire. Or. B.

454 8 lire. 1795. — 4 lire. 1795. Arg. **Lucques**. Denier de Henri II. — Scudo au saint Martin. 1750. *Charles-Louis I*. 2 lire. 1837. Arg. — Ens. 5 p.

455 **Malte**. *Martin Garzès*. Le grand-maître agenouillé devant St Pierre. Sequin. Or.

456 *François Ximenès*. 4 tari. Arg. *Emmanuel de Rohan*. 5 écus. 1779. Or. TB. — 30 tari et division. *Ferdinand de Hompesch*. 15 tari. 1798. Arg. — Ens. 5 p.

457 **Milan**. Deniers. 2 p. *Charles-Quint*. Division. *Philippe III*. Grand écu. 1608. — Petit écu. *Charles II*. Ducaton. 1676. *Joseph II*. Demi-écu. 1785. *Révolution 1848*. 2 p. Arg. — Ens. 9 p.

458 **Naples**. *Ferdinand*. Coronats. 2 p. Arg. *Charles-Quint*. Ducat. Tête à dr. ℟. Armes sur un aigle. Or. TB. — Ens. 3 p.

459 Divisions. 4 p. *Philippe II*. Ducat d'argent. *Charles II*. Piastre. 1689. — 20 grana. 1695. *Charles et Marie-Amélie*. Piastre. 1747. 2 p. — 120 grana. 1747. — Piastre de Sicile. 1735. — Division. Arg. *Ferdinand IV*. 120 grana. 1787. — Division. 1790. *Ferdinand IV et Caroline*. Piastre. 1791. *Ferdinand*. 129 grana, 1815, 1818. — Division. *Ferdinand II*. 120 grana. 1856. — Division. Arg. — Ens. 20 p.

460 **Raguse**. *République*. Piastre. 1767. **Sardaigne**. Réal. 1699. **Savoie**. *Amédée IX*. Parpaïole. *Philibert I*. Parpaïole. *Charles-Emmanuel III*. Ecu de 6 lire. 1765. Arg. — Diverses monnaies variées. Arg. et Bill. 9 p. *Charles-Félix*. 2 lire. 1825. Arg. — Ens. 15 p.

461 Pièce de 80 lire. Or. TB.

462 20 lire. 1827. Or. TB.

463 **Toscane**. *François III de Lorraine*. Ruspone. 1743. Or. B.

464 *Léopold II.* Ecus variés de Pise. 1766, 1769, 1786. Arg. — Ens. 3 p.

465 **Venise.** *Michel Steno.* Sequin. *Aloyse Mocénigo.* Sequin. Or. — Ens. 2 p.

466 *Pierre Ziani, Laurent Tiepolo, Jean Soranzo, Antoine Venier, François Foscari.* Matapans. 5 p. — Divisions. 3 p. *Louis Contarini.* Ecu d'argent. *Paul Renier.* Ecu. 1784. *Louis Manin.* Ecu. 1795. *Révolution. 1848.* 2 p. Arg. variées. — Ens. 13 p.

467 **Papes de Rome** (1). *Le Sénat.* ROMA. CAPVT. MVNDI. Le Sauveur debout (3). Sequin. 2 p. Or. — Gros. Arg. — Denier. Bill. *Anonymes pontificales.* 3 p. **Urbain V.** Demi-gros. **Grégoire XI.** Demi-gros. 2 p. Arg. — Ens. 10 p.

468 **Eugène IV.** EVGENIVS. PP. QVARTVS. Son écu avec la tiare et les clefs. ℟. S. PETRVS. ROMA. St Pierre debout (1). Sequin Or. — Demi-gros de Fermo. 2 p. Arg. — Ens. 3 p.

469 **Nicolas V.** NICOLAVS. P. P. QVINTVS. Ecu aux 2 clefs. ℟. + S. PETRVS. ALMA. ROMA. St Pierre debout (1). Sequin. Or. TB.

470 La même pièce (1). — Même lég. Le pape assis. ℟. SANCTA. ROMANA. ECCLESIA. Les 2 clefs dans un quadrilobe (3). Sequin. Or. — Ens. 2 p.

471 **Calixte III** + CALISTVS. P. P. TERTIVS. Son écu. ℟. MODICE. FIDEI. QVARE. DVBITATIS. Saint Pierre dans la barque (2). Sequin. Or.

472 **Pie II.** + PIVS. PAPA. SECVNDVS. Son écu. ℟. + S. PETRVS. ALMA. ROMA. St Pierre debout (2). Sequin. Or. — Gros. Argent. — Demi-gros. Bill. — Ens. 4 p.

473 **Paul II.** PAVLVS. PP. SECVNDVS. Ses armes. ℟. S. PETRVS. S. PAVLVS. ROMA. Les 2 saints debout (12). Sequin. Or. TB. — Gros. Arg. — Divisions. 5 p. Bill. — Ens. 7 p.

474 **Sixte IV.** SIXTVS. PP. QVARTVS. Ses armes. ℟. S. PETRVS. S. PAVLVS. ROMA. Les 2 saints debout. Sequin. Or. TB.

---

(1) Les numéros entre parenthèses se rapportent à l'ouvrage de Cinagli : Le monete de' Papi.

475 Même droit. ℞. S. PETRVS. ALMA. ROMA. La barque du pêcheur (5). Sequin rogné. Or. — Gros. Arg. 2 p. et 2 divisions. Bill. — Ens. 5 p.

476 **Innocent VII.** INNOCENTIVS. PP. VIII. Son écu. ℞. SANCTVS. ALNA. ROMA. La barque du pêcheur (3). Sequin. Or. TB.

477 La même pièce (3). Sequin. Or. — Demi-gros. Arg. — Ens. 3 p.

478 **Alexandre VI.** ALEXANDER. VI. PONT. MAX. Son écu. ℞. SANCTVS. PETRVS. ALMA. ROMA. La barque du pêcheur (2). Sequin. Or. TB.

479 ALEXANDER. PP. VI. Son écu. ℞. BONONIA. DOCET. St Pierre entre les 2 écus du cardinal Orsini et de la ville de Bologne (7). Sequin. Or. — Gros. Arg. — Ens. 2 p.

480 **Jules II.** IVLIVS. II. PONT. MAX. Son écu. ℞. SANCTVS. PETRVS. ALMA. ROM. St Pierre et St André dans la nacelle (4). Sequin. Or. B.

481 Même lég. et écu. ℞. S. PETRVS. DE. BONONIA. St Pierre debout (6). Sequin de Bologne. Or.

482 La même pièce (6). Or. — Jules. 2 p Arg. — Divisions. 3 p. Bill. — Ens. 6 p.

483 **Léon X.** LEO. X. PONT. MAX. Son écu. ℞. SANCTVS. PETRVS. ALMA. ROMA. Les 2 saints dans la barque (5). Sequin. Or. TB.

484 LEO. PAPA. DECIMVS. Même écu. ℞. BONONIA. DOCET. St Pierre debout entre les écus du cardinal de Médicis et de la ville de Bologne (21). Sequin. Or. — Gros de Pérouse. Arg. — Ens. 2 p.

485 **Clément VII.** CLEMENS. VII. PONT. MAX. Son écu. ℞. + SANC. PETRVS. ALMA. ROMA. La barque du pêcheur (7). Sequin. Or.

486 CLEM. VI. PONT. MAX. Son écu. ℞. BONONIA. DOLET. Croix fleuronnée entre les armes du cardinal Cibo et de la ville (19). Écu d'or. — Jules. 3 p. — Gros. Arg. — Ens. 5 p.

487 **Paul III.** PAVLVS. III. PO. M. Son écu. ℞. SAN. PETRVS. ALMA. ROMA. La barque de St Pierre (2). Sequin. Or. TB.

488 PAVLVS. III. PONT. MAX. Son écu. ℞. S. PAVLVS. VAS. ELECTIONIS. St Paul debout (9). Écu d'or.

489 Même droit. ℞. SVB. VMBRA. MATRIS. ECCLESIÆ. PARMA. Femme nicéphore assise à g. (24). Écu d'or pour Parme. Or. TB.

490 PAV. III. P. M. PLAC. D. Son écu. ℟. + NON. ALIVNDE. SALVS. PLAC. Croix fleurdelisée, cantonnée P. L. A. C. (25). Écu d'or de Plaisance. TB. — Teston de Bologne. — Jules. Arg. — Ens. 3 p.

491 **Jules III**. Jules. 4 p. — Gros. — *Marcel II*. Jules. 2 p. **Siège vacant**. *Le Cardinal Sforza*. 1555 (3). Jules. **Paul IV**. Teston (5). Teston d'Ancône (12). — Jules. 3 p. Arg. — Ens. 13 p.

492 **Siège vacant**. *Le Cardinal Sforza*. 1559 (2). Jules. **Pie IV**. Teston (8). — Jules. 2 p. Arg. — Ens. 4 p.

493 **Pie V**. PIVS. V. PONT. MAX. Ses armes. ℟. BONONIA. DOCET. Croix feuillue, entre les écus de Mons. Doria et de la ville (4). Écu d'or de Bologne.

494 Teston. Le Pape à genoux (14). — Teston d'Ancône (19). — Double Jules de Bologne (22). 2 p. — Jules. Arg. — Ens. 5 p.

495 **Grégoire XIII**. Testons. La crèche (36). — La porte sainte (43). — Ancône. 1581 (115). — Jules. 6 p. Arg. — Ens. 9 p.

496 **Sixte-Quint**. Teston. St Pierre debout. — St Pierre assis, 1533 (66). — Teston d'Ancône (87). — Double Jules de Bologne (105). — Jules. 2 p. Arg. **Grégoire IV**. Bill. 2 p. **Clément VIII**. Teston. — Double Jules. Arg. — Ens. 10 p.

497 **Paul V**. Testons. 2 p. — Teston de Ferrare. — Double Jules de Bologne. — Jules. 2 p. — Divisions. 7 p. Arg. — Ens. 13 p.

498 **Grégoire XV**. Teston. — Divisions. 5 p. Arg. — Quattrino. Cuivre. **Siège vacant**. *Cardinal Oldobrandini*. 1623. Jules. 2 p. Arg. — Demi-gros. Bill. **Urbain VIII**. Testons. 2 p. — Divisions. 3 p. Arg. — Ens. 15 p.

499 Buste du Pape à dr. 1643. ℟. L'Immaculée-Conception (45). Scudo. — Même droit. ℟. Le Pape à genoux devant St Michel (51). Scudo. Arg. — Ens. 2 p.

500 **Alexandre VI** . ALEV. VII. PONT. MAX. ROMÆ. St Pierre appuyé sur l'éeu du Pape. ℟. St Thomas et le pauvre (50). Scudo. Arg. — Teston. Main tenant une balance (52). — Jules de Bologne. — 3 divisions. Arg. — Ens. 6 p.

501 **Siège vacant.** *Cardinal Barberini.* 1667. Armes sous le pavillon. ℟. DA. RECTA. SAPERE. ROMA. Le Saint Esprit entouré de langues de feu (3). Scudo. — Jules de Bologne Arg. — **Clément IX.** Teston (8). Divisions. 3 p. Arg. — Ens. 6 p.

502 **Clément X.** Buste du pape à dr. ℟. La porte sainte. 1675 (19). Armes. ℟. Même type (23). Scudi. — Divisions. 4 p. Arg. — Ens. 6 p.

503 **Siège vacant.** *Cardinal Altieri.* 1676. Armes. R. DABITVR. VOBIS. PARACLETVS. ROMA. Le Saint Esprit entouré de langues de feu (1). Scudo. — Demi-gros (7). Arg. — Ens. 2 p.

504 **Innocent XI.** INNOCEN. XI. PONT. MAX. AN. II. Buste à dr. ℟. Vue du Vatican (53). — Armes. ℟. Guirlande de laurier (43). — Buste à dr. ℟. Guirlande de palmes (47). Scudi. Arg. — Ens. 3 p.

505 Buste à dr. ℟. Saint Mathieu assis sur les nues et l'ange (31). Scudo — Ecu à ses armes. ℟. AVARVS NON IMPLEBITVR. Cartouche (56). Mezzo scudo. 2 p. Arg. — Ens. 3 p. B. et TB.

506 Armes du pape. ℟. MELIVS EST. DARE. QVAM. ACCIPERE. 1685. Dans un cartouche 4 variétés. 1686. Cartouche différent. 3 variétés. — Sans date. 3 variétés. Testons. Arg. — Ens. 10 p. TB.

507 Autres variétés. 5 p. Testons. Arg. — Jules. 2 p. — Divisions. 4 p. Arg. **Siège vacant.** *Le cardinal Altieri.* 1689. Jules et divisions. Arg. — Ens. 13 p.

508 **Alexandre VIII.** Buste du pape à dr. ℟. RE. FRVMENTARIA. VRESTITVTA. Deux bœufs à la charrue (24). Teston. 2 p. — Jules. 2 p. **Siège vacant.** *Cardinal Altieri.* 1691. Le St Esprit. Teston. — Jules et divisions. 5 p. Arg. — Ens. 10 p.

509 **Innocent XII.** Buste à dr. ℟. COGITO. COGITATIONES. PACIS. 1694. La Religion assise (21). — EGREDIATVR. POPVLVS. ET. COLLIGAT. MDCIX. Le peuple hébreu recueillant la manne dans le désert (28). Scudi. Arg. — Ens. 2 p. B. et TB.

510 L'Eglise assise (32). — La Paix debout (33). — Pélican 1692 (34). — Le pape à genoux. 1697. — St Jean prêchant dans le désert. 1699 (50). Mezzo-scudi. Arg. — Ens. 5 p.

511 L'Arche de Noé (48). St Jean Baptiste (50. Mezzo Scudi. 2 p. Arg. TB. — Teston. L'Abondance. 1694 (60). — Jules. 4 p. — Divisions. 10 p. Arg. — Ens. 17 p.

512 **Siège vacant.** *Le cardinal Spinola.* Son écu avec le pavillon 1700. ℞. NON. VOS. RELINQVAM. ORPHANOS. Le St Esprit (2). Scudo. Arg. — Teston (6). Arg. — Ens. 2 p. TB.

513 **Clément XI.** CLEM. XI. P. M. A. XII. Ses armes. ℞2 FERRO. NOCENTIVS. AVRVM. dans un cartouche (32). Ecu d'or. — — Buste à dr. ℞. Buste de St Pierre à g. (45). Demi-écu d'or. — Ens. 2 p. TB.

514 CLEMENS. XI. PONT. M. A. XVIII. Ses armes. ℞. SVPER. FVNDAMENT. APOSTOL. II. La Foi debout (38). Ecu d'or. — Demi-écu d'or (45). — Ens. 2 p. TB.

515 Buste à g. ℞. DILEXI. DECOREM. DOMVS. TVAE. 1702. La Vierge du Trastevère (50). — Ses armes. ℞. VIDERVNT. OCVLI. MEI. SALVTARE. TVVM. 1704. La présentation de Jésus au temple (52). Scudi. Arg. — Ens. 2 p. TB.

516 Même type de la Vierge (50). — Buste à g. ℞. DONA. NOBIS. PACEM. MDCC. VII. St Clément agenouillé devant l'Agnus Dei (60), — Armes. ℞. FIAT. PAX. IN. VIRTVTE. TVA. Dans un cartouche (61). Scudi. Arg. — Ens. 3 p. B. et TB.

517 Ecu à ses armes. ℞. Sans lég. L'ange gardien (83). — FIAT. PAX. IN. VIRTVTE. TVA. dans un cartouche (84). 2 p. — Buste à g. ℞. DILEXI. DECOREM. DOMVS. TVAE. Vue du Panthéon (86) 2 p. Mezzo scudo. — Ens. 5 p. TB.

518 Ecu à ses armes. ℞. S. CRESCENTINVS. MARTYR. VRBINI. PATRONVS. 1704. Saint Crescentien galopant à dr., perçant le dragon (92). Mezzo scudo. — Testons. 3 p. — Jules. 6 p. Arg. — Divisions. Bill. et cuivre. 12 p. — Ens. 22 p.

519 **Innocent XIII.** INNOCENT. XIII. P. M. A. II. Ses armes. ℞. SEC TAMINI. CHARITATEM. Sur un cartouche (1). Ecu d'or. — Jules et division. Arg. — Ens. 3 p.

520 **Benoit XIII.** BEN. XIII. P. MAN. La Sainte Eglise assise sur les nues. ℞. ZECCINHO. ROMANO. 1729. Une rose (5). Or. — Jules. 2 p. Arg. — Divisions. 3 p. Bill. — Ens. 6 p.

521 **Clément XII.** CLEMENS. XII. P. M. 1739. La Sainte Eglise. ℞. DEDIT. PIGNVS. Ecu du pape (7). Sequin. Or. — Demi-

sequin (25). Or. — Armes. ℞. LVMEN. RECTIS. 1734 dans un cartouche (13). Ecu d'or. — Buste à dr. ℞. DELVTO. FÆCIS. 1738 dans une guirlande (20). Ecu d'or. — Ens. 4 p. TB.

522 Buste à dr. ℞. LABOR. ADDITVS. 1735 dans un cartouche (16). Armes. ℞. LVMEN. RECTIS. 1734 et 1735 dans un cartouche (13 et 15). — Buste à dr. ℞. DE. LVTO. FÆCIS. 1738 (21). Ecus d'or. — Ens. 4 p. TB.

523 Ecu à ses armes. ℞. FRVSTRA. VIGILAT. QVI. CVSTODIT. sur un cartouche (30). Mezzo-scudo. — Testons. Cartouche (37) Saint André et l'Ange (56). La Voirie. 1736 (63). 3 p. Arg. — Jules, 6 p. — Divisions. Arg. et Bill. 12 p. — Ens. 21 p.

524 **Siège vacant**. *Cardinal Albani*. 1740. L'Eglise sur les nues. ℞. NVTANTIA. CORDA. TV. DIRIGAS. Ses armes avec le pavillon (2). Sequin. — Demi-Sequin. — Pavillon. ℞. Tête de St Pierre à dr. Quartino. Or. — Gros. Arg. 1/2 baïacco. Cuivre. — Ens. 5 p.

525 **Benoit XIV**. BENED. XIV. P. M. 1745. La Sainte Eglise. ℞. REPENTE. DE. CŒLO. Ses armes (14). Sequin. Or. — DEDIT. PIGNVS. Armes. 1740 (31). Demi-sequin. Or. — Ens. 2 p. B.

526 Sequins. 1748 (18), 1756 (27). Or. — Demi-sequin. 1743 (C. manque). Or. — Ens. 3 p B et TB.

527 Quartino. BEN. XIV. Sous les clefs. ℞. S. PETRVS. Tête de St Pierre à dr. 3 p. Or. — Armes. ℞. Même type. Or. — Ens. 4 p. B.

528 Buste à dr. ℞. MDCCLIV. La Sainte Eglise assise (54). Scudo. Arg. — Autre. MDCCLIII. Même type (62). Mezzo scudo. Arg. — 2 carlins. 1750. Bill. — Jules. 2 p. Arg. — Divisions. Arg., Bill. et Cuivre. 14 p. — Ens. 19 p.

529 **Siège vacant**. *Cardinal Colonna*. Ses armes. ℞. 1758. La Ste Eglise (1). Sequin. Or. — Le St Esprit. Scudo. Arg. — Mezzo scudo. 2 p. — Double jules et gros. 2 p. Arg. — Cuivre. — Ens. 7 p.

530 **Clément XIII**. CLEM. XIII PONT. M. A. VIII. Ses armes. ℞. SVPRA. FIRMAM. PETRAM. 1765. La Ste Eglise assise (3). Sequin. Or. B.

531 Mêmes types. 1758 (16). Demi-sequin. Or. — Le même. 1759 (19). Scudo. Argent. — Ens. 2 p.

532 La même pièce. 1759 (20). Mezzo scudo. — Testons 23 et 26). 2 p. — Jules. 5 p. Arg. — Divisions. Arg. et Bill. 4 p. **Siège vacant.** *Cardinal Rezzonico.* 1769. Jules (5). Arg. — Ens. 13 p.

533 **Clément XIV**. CLEM. XIV. PONT. M. A. I. Ses armes. ℞. FIAT. PAX. IN. VIRTVTE. TVA. 1769. La Ste Eglise (2). Sequin. Or. — Mezzo scudo. 1773. Arg. — St Pierre et St Paul. 1773. Teston. — Jules et divisions. 4 p. Arg. **Siège vacant.** *Cardinal Rezzonico.* 1774. Le Saint Esprit (4). Mezzo scudo et jules. Arg. — Ens. 9 p.

534 **Pie VI.** PIVS. VI. PONT. MAX. AN. XIII. Son écu. ℞. S. PETRON. BON. PROT. 1787. Saint Pétrone assis sur les nues, entre les écus du cardinal Archetti et de la ville de Bologne. A l'exergue, ZECC. 5 (5). 5 sequins. Or. TB.

535 PIVS. VI. PONT. MAXIM. Plant de lis. ℞. BONON. DOCET. 1786. Ecus juxtaposés du cardinal Archetti et de Bologne (9). Deux doppie. Or. B.

536 PIVS. VI. PONT. M. Ses armes. ℞. S. PETRON. BON. PROT. 1786. St Pétrone assis sur les nues; au bas, armes du cardinal Archetti et de Bologne (18). Deux sequins. Or. TB.

537 FLORET. IN. DOMO. DOMINI. 1793. Plant de lis. ℞. APOSTOLOR. PRINCEPS. St Pierre sur les nues; au bas, les armes de Mgr Lante (45). Doppia. Or. B.

538 PIVS. VI. PONT. MAXIM. 1778. Plant de lis. ℞. BON. DOCET. P. 30. Les 2 écus accolés du cardinal Boncompagni et de Bologne (47). Doppia. — La Ste Eglise. 1795 (72). Sequin. Or. — Ens. 2 p. TB.

539 PIVS. VI. PONT. M. 1778. Ses armes. ℞. BONONIÆ. PROTECT. St Pétrone au-dessus des armes du cardinal Boncompani et de Bologne (82). Sequin. Or. TB.

540 La Ste Eglise. 1776 (76). Sequin. — Son buste à dr. ℞. ADVENTVS. OPTIMI. PRINCIPIS. BONONIA. 1782. Temple rond, au-dessus des armes du cardinal Boncompagni et de la ville (89). Sequin. Or. — Ens. 2 p.

541 1787. Plant de lis. ℟. S^t Pierre assis au-dessus des armes de Mgr Lante (105). — 1786. Même lis. ℟. BON. DOCET. Ecus accolés du cardinal Archetti et de Bologne (110). Mezza doppie. Or. — Ens. 2 p. B et TB.

542 Scudo. 1780 (122). Arg. — Mezzo scudo. 1777, 1778, 1780. 3 p. — Testons. 1785. 2 p. — Jules et même genre. 5 p. Arg. — Divisions. 11 p. Arg. et Bill. — Ens. 22 p.

543 **Pie VII.** PIVS. VII. PON. M. A. IV. Son écu. ℟. APOSTOLOR. PRINCEPS. S^t Pierre dans les nues, au-dessus de l'écu de Mgr Lante (4). Doppia. Or. B.

544 PIVS. VII. P. M. A. XVIII. Son écu. ℟. Le précédent avec les armes de Mgr Zambelli (13). Doppia. Or. TB.

545 Son écu. ℟. La Sainte Eglise. 1800 (17), 1802 (19), 1816 (25), 1818 (27). Scudi. — Mezzo scudo. 1802. — Divisions. 5 p. Arg. — 1/2 baïocco cuivre. **Siège vacant.** *Cardinal Pacca.* 1823. Mezzo scudo. Arg. — Ens. 12 p.

546 **Léon XII.** LEO. XII. P. M. A. II. Ses armes. ℟. PRINCEPS. APOSTOLORVM. B. S^t Pierre assis sur les nues (6). Doppia. Or. TB.

547 Buste à g. ℟. La Sainte Eglise. 1825, 1826 (7 et 9). Scudi. Arg. 2 p. **Siège vacant.** *Cardinal Galleffi.* Ses armes avec le pavillon. 1829. ℟. La S^te Eglise (4). Scudo. — Mezzo scudo (6). Arg. — Ens. 4 p.

548 **Pie VIII.** PIVS. VIII. PONT. MAX. ANNO. I. 1830. Son buste à dr. ℟. S^t Pierre et S^t Paul (1 et 2). Scudo. 2 p. — Teston (3). Arg. **Sede vacante.** *Card. Galleffi.* Le Saint Esprit. 1830 (3). Scudo. — Testons. 2 p. Arg. — Ens. 6 p. TB.

549 **Grégoire XVI** GREGORIVS. XVI. PON. MAX. A. XI. R. Son buste à g. ℟. 10 SCVDI. 1841 dans une couronne d'olivier (14). 10 scudi. Or. TB.

550 1833. Son buste à g. ℟. TV. REM. TVERE. PVBLICAM. Statue de S^t Pierre; au bas, DOPPIA (43). Doppia. Or TB.

551 Son buste à g. ℟. SCVDI. 2.59. 1835 dans une couronne d'olivier (45). 2 scudi et demi. Or. TB.

552 Buste à g. 1834. ℟ LVMEN. AD. REVELATIONEM. GENTIVM. La présentation de Jésus au temple (65). 2 pièces. — SCVDO. 1835 dans une couronne d'olivier (67). — SCVDO. 1845. Même couronne (81). Scudi. Arg. — Ens. 4 p. TB.

553 Autre. SCVDO. 1846 (82). Scudo. — 50 baïocchi. 1834 et 1841 (85 et 91). — 30 baïocchi. 1834. — 20 baïocchi. 3 p. — 10 baïocchi. 4 p. — Divisions. 3 p. Arg. et Cuivre. **Siège vacant**. *Cardinal Sforza*. 1846. Ses armes. ℞. Le Saint Esprit (2). Scudo. Arg. — Ens. 15 p. TB.

554 **Pie IX**. Buste à g. ℞. I. SCVDO. 1853 dans une guirlande d'olivier. Scudo. Or. — SCVDO. 1853. 2 p. — SCVDO. 1854. Arg. — Ens. 4 p. TB.

555 SCVDO. 1847 dans une couronne d'olivier. — 50 BAIOCCHI. 1853. 2 p. — 20 BAIOCCHI. 2 p. — Divisions. 3 p. Arg. *République romaine*. 1849. 40, 10, 8, 4 baïocchi. Bill. — Ens. 13 p. TB.

556 PIVS. IX. PONT. MAX. A. XXI. Son buste à g. ℞. 100 LIRE 1866 dans une couronne de laurier et de chêne. Or. B.

557 Pièce de 20 lire. 1866. Or. TB.

558 Pièce de 10 lire. 1867. — Pièce de 5 lire. 1866. Or. — Ens. 2 p. TB.

559 5 lire. 1870. — 2 1/2 lire. 1867. 2 p. — 2 lire. 1870. — Lira. 4 p. — Divisions. 5 p. Arg. — Ens. 13 p. TB.

560 **Russie**. *Pierre-le-Grand*. Buste lauré à dr. ℞. 1720. Double aigle. — Quatre П formant la croix. 1724. *Catherine I*. Buste à g. 1726. — Buste à dr. 1727. Roubles. Arg. — Ens. 4 p. TB.

561 *Pierre II*. Buste lauré à dr. ℞. 1729. Quatre П formant la croix. 2 p. *Anne*. Buste à dr. ℞. 1734. Aigle impériale. — 1737. Même type. Roubles. Arg. — Ens. 4 p. B.

562 *Elisabeth I*. Buste couronné à dr. ℞. 1756. Aigle impériale. Deux roubles. Or. TB. — Rouble. Arg. 1747. *Catherine II*. Buste couronné à dr. ℞. 1779. Aigle impériale. Rouble. Or. — Ens. 3 p.

563 Rouble. 1764. Arg. *Nicolas I*. 1/2 rouble 1836. — Divisions. 5 p. Arg. *Nicolas II*. Rouble commémoratif. 1913. — Ens. 8 p.

564 **Pologne**. *Sigismond III*. Quart d'écu. 1623. *Auguste II*. Couronnement. 1697. Double ducat. Or. TB. — Ens. 2 p.

565 Couronnement d'Auguste II. 1697. Ducat. Or. TB. *Frédéric-Auguste*. Quart d'écu. 1701. *Stanislas-Auguste*. Thaler. 1766. — *Insurrection polonaise*. 2 zlote. 1831. Arg. — Ens. 4 p.

566 **Suède**. *Charles XI*. Buste à g. 1672. 2 marcs. Arg. *Charles XIV*. Tête à dr. ℞. 1843. Armes. Ducat. Or. — Quart de species. Arg. *Oscar*. 12 skill. de Norvège. Arg. — Ens. 4 p.

567 **Danemark**. *Frédéric V*. Buste à dr. 1757. Or. — Monogrammes 1763. 12 marcs. Or. — Divisions. Arg. 6 p. — Ens. 8 p.

568 **Califes**. Dinar. Or. **Turquie**. Quart de sequin. Or. — Monnaies divisionnaires. Arg. et Bill. 25 p. — Ens. 27 p.

569 **Algérie**. Argent et Billon. 5 p. **Abyssinie**. *Ménélik*. Talaro. **Maurice**. *Georges IV*. 2 shilling 1/2. 1822. — Shilling. Arg. — Ens. 8 p.

570 **Transwaal**. *Burger*. 1894. Demi-livre. Or. — 2 shilling 1/2. 1895 Arg. **Annam**. Taël d'argent. **Birmanie**. Roupie. **Siam**. Petite pièce d'arg. **Inde**. Roupie. *Victoria*. 1840, 1862, 1892. Roupies. — Roupie de Bikanir. Arg. — Ens. 10 p.

571 **Malacca**. *Victoria*. 50 cents 1887. **Ceylan**. *Georges IV*. Rix dollar. 1821. *Victoria*. 50 cents. 1892. **Hong-Kong**. *Victoria*. Dollars, 1867, 1895. — 10 cents. 1866. **Japon**. 5 sen. Arg. — Ens. 7 p.

572 **États-Unis**. 1/2 dollar de Californie, 2 p. rondes, 2 p. octogones. — 1/4 dollar de Californie. Or. — 1/2 dollar 1794. — 1/4 dollar. 1840, 1885. — dime. 2 p. — 1/2 dime. 3 p. Arg. — Cent. 1794 Cuivre, et 1857 Nickel. — Ens. 15 p.

573 **Mexique**. *Jeanne et Charles*. 4 réaux. *Sombrerete*. 1812. peso. *Augustin*. 1823. 8 réaux. — 2 réaux. *République*. 8 réaux. 1837, 1852. — 2 réaux. 1840. *Maximilien*. Pesos. 1866, 1867. Arg. — Ens. 9 p.

574 **Haïti**. *Pétion*, *Boyer*, *etc*. Arg. 7 p. Nickel. 1 p. **Dominicaine**. 1897. 10 centavos. **Amérique Centrale**. 1835. 8 réaux. — Division. **Panama**. 30, 25, 10 cent. de Balbea. **Venezuela**. Un bolivar. 1879. Arg. *Caracas* 2 réaux. 1819. **Équateur**. Un sucre. 1884. — Divisions. 4 p. Arg. — Ens. 21 p.

575 **Pérou**. 8 réaux coulés. 2 p. — 2 réaux coulés. — Un sol, 1874. — Divisions. 3 p. Arg. — **Bolivie**. 4 réaux. 1830. 2 p., 1859. — Division. Bill. — Ens. 11 p.

576 **Chili**. Peso. 1895. — Divisions. 7 p. **Argentine** *Cordoba*. 8 réaux. Arg. — 10 cent. **Uruguay**. 1 peso. 1877. — 20 centesimos. **Terreneuve**. *Victoria*. 50 cents. 1882. **Nouveau Brunswick**. *Victoria*. 20 cents. 1862. **Canada**. *Victoria*. 50 cent. 1871. **Honduras** *Victoria*. 50 cent. 1894. Arg. — Ens. 16 p.

# MÉDAILLES

577 **Médailles françaises**. *Charles IX*. La Saint Barthélemy. 1572. Refrappe. *Marie de Médicis*. La reine sur l'arc-en-ciel. 1615. Refrappe. *Louis XIV* Médaillettes de Lyon. 2 p. *Secondes noces du Dauphin*. La bonne fille. Arg. — Ens. 5 p.

577 *bis* Médaille en buste de Louis XIV enfant, rev.: en creux. — Arg. 60%.

578 Entrevue de Pierre de Russie et Louis XV. 1717. — Renouvellement de l'alliance avec la Suède. 1738. — Ambassade turque. 1742. — Second mariage du Dauphin. 1747. — Vue de l'Hôtel des monnaies. 1770. — Mort du roi. 1774. Arg. — Ens. 6 p. Tranche grattée.

579 Paix d'Aix-la-Chapelle. 1748. *Louis XVI*. Le Sacre. 1775. — Fidélité de Paris. 1780. — Naissance du Dauphin. 1781. Arg. — Les frères Montgolfier. Premier ballon. 1783. Cuivre. — Ens. 5 p.

580 *Révolution*. 1790. Confédération des François. Cuivre doré. — 1792. Faisceau. Arg. — 1793. Constitution. Arg. — Métal de la Bastille. Fer. — Conseil des Cinq Cents, AN VII. — Charlotte Corday, étain et 3 médaillettes. Arg. — Ens. 9 p.

581 *Napoléon I*. NAPOLELON EMPEREUR. Tête laurée à dr. ℞. LE SÉNAT ET LE PEUPLE. Napoléon sur le pavois. Or. 2 p. TB.

582 Même type. Arg. 2 p. Fêtes du Couronnement. 2 p. variées. — Mariage. 2 p. — Vienne. 1810. Arg. Ens. 7 p.

583 Têtes accolées à dr. ℞. NAPOEON. P. J. C. ROI DF ROME. Buste à g. Or. 15 %.

584 *Louis XVIII.* La France accueillant le roi. 1814. — Henri IV. 2 médaillettes. — *Charles X* sacré. 1825. 2 p. — Le roi en costume du sacre. — Médaille de mariage. — *Louis-Philippe.* Arc de l'Étoile. — Siège d'Anvers. 1832. Cuivre. — *Napoléon III.* Instruction publique. — Bureau de miséricorde. — Le prince impérial, 2 médaillettes. — Société du prince impérial. Cuivre. Ens. 12 p. Arg. et 2 cuivre.

585 Mort du duc de Berry. 1820. — *Charles X* sacré à Reims. 1825. 2 p. Arg. Ens. 3 p.

586 *Louis-Philippe.* L'obélisque de Louqsor élevé en 1836. — Médaille de député. Session. 1845. — Ens. 2 p. Arg.

587 Translation des cendres. 1840. — Conseil des Prudhommes de Paris Pour les métaux. 1844. — Ens. 2 p. Arg.

588 *République.* Assemblée Nationale. Cen de Staplaude. — Cen Dupont-Delporte. 1849. *Napoléon III.* Corps législatif. Vicoq (Aisne). Session de 1865. — Ens. 3 p. Arg.

589 Honneur aux hommes de cœur. Cuivre. — Eugénie impératrice, 1862. Arg. — Plébiscite de 1870. Cuiv. — Ens. 3 p.

590 *3e République.* Communications aériennes. Argent. — Sénat. J. M. Piété. Arg doré. — Commission permanente des valeurs de douanes. Arg. — Ens. 3 p.

591 Congrès international des électriciens à Paris. Médaille de Chaplain. Arg. 82 %.

592 Société pour l'Encouragement des Etudes grecques. Arg. — Encouragement à la défense nationale. Arg.— Sciences et arts appliqués au Commerce et à l'Industrie. Arg. — Ambulances de la presse. Br. — Croix de fantaisie. Br. — Ens. 5 p.

593 **Médailles des Papes.** Christ entre 4 statues. 1625. Alexandre VII 3 p. — Le cardinal Acquaviva, camerlingue. 1730. Ens. 5 p. Arg.

594 *Pie VI.* Le pape ouvrant la porte sainte. 1775. — *Pie VII.* La voierie rétablie. — Visite à la Monnaie. 1805. —

S. Pierre et S. Paul. 1804. — Restitution des Etats pontificaux. 1815. — Ouverture du tombeau de S. François. 1818. — Ens. 6 p. Arg.

595 *Siège vacant*. 2 méd. Arg. 2 br. — *Grégoire XVI*. Forteresse d'Ancône. — Conservation des ruines. — Béatification des saints. 1839. — *Léon XIII*. Arbitrage des Caro lines. — Ens. 6 p. Arg. et 2 br.

596 **Suisse**. Fête de tir à Bâle. 1844. — Prix du Gymnase à Berne. — Académie de Berne. — Jardin botanique. — Ens. 4 p. Arg.

597 Entrée de Genève dans la Confédération suisse. 1814. méd. par Bovet et Bovy 1824. Arg. 58 m/m.

598 TOVT. POVR. LA. PATRIE. Homme d'armes montant la garde à Genève. ℞. TIR. FEDERAL A. GENÈVE. 1887. 2 p. **Berlin**. Tir de 1890. **Angleterre**. *Georges I*. Obituaire. Arg. *Victoria*. Son anniversaire. 1897. — Ens. 5 p. Arg.

599 *Ordre de la Jarretière*. Saint Georges terrassant le dragon. ℞. DU TRÉ HAUT. TRÉ PUISSANT ET TRES EXCELLENT PRINCE CHARLES II PAR LA GRACE DE DIEU ROY DE LA GRANDE BRETAG. FRAN : ET IRLANDEDEFENSEUR DE LA FOY. MDCLXXVIII. Arg. TB.

# JETONS

600 **Henri II**. Cuivre. *Mademoiselle*. 1633. Cuivre. **Louis XIV**. Char d'Amphitrite. 2 p. Arg. — Jupiter déposant la foudre. Arg. — Bataille de Senef. Cuivre argenté. — Bacchus et Adriadne. Arg. — Soleil et traits. Arg. — **Louis XV**. Election de Paris. Arg. — Le maréchal de Tessé. Arg. — Ens. 10 p.

601 Académie royale des Sciences. Minerve assise à g. entourée d'emblèmes. Arg. 10 p.

602 Académie de Chirurgie. Minerve assise devant un Génie. Arg. 10 pièces.

603 Académie Française. 2 p. Arg. — Ordre du Saint-Esprit. 1740. Arg. 8 p. — Ensemble 10 p.

604 Assemblée du clergé. 1765. — Secrétaires du roi. 1715. — Menus plaisirs. 1716. — Bretagne. 1722. 1732. 1746. 1762. 1766. — Extraord. des guerres. 1718. — Bâtiments du roi. — Ens. 10 p. arg.

605 Artillerie et Génie. Minerve assise près d'un canon. Arg. 9 pièces.

606 Chapeliers. Buste à dr. Signé R. FILIVS. ℞. COMMUNAUTE DES CHAPELIERS. 1765. Chapeau posé sur une table ornée, cernée de 2 palmes. Au-dessus, le Soleil. Arg.

607 **Louis XVI**. Sacre du roi. Arg. — Briasson. Echevin de Lyon Refrappe. Arg. — Prévoté de Me Bignon. 1765. Arg. 2 p. — A l'Immortalité. Arg. — Ordre de S. Louis. Arg. 2 p. Monnaie. Arg. — Ens. 8 p.

608 Caisse d'Escompte établie en 1776. Femme assise près d'un coffre. Arg. — Ordre et milice du S. Esprit. Arg. — Ordre de St Louis. Arg. - Ens. 3 p.

609 Compagnie des Indes. LVDOV. XVI. FR. ET. NAVAR. REX. Son buste à dr. ℞. COMP. DES INDES. MDCCLXXXV. Homme assis et sauvage debout soutenant l'écu de la Compagnie Arg = Ens. 5 p.

610 Le Jardin des Hespérides. Pommes d'or sur un plateau. ℞. Caisse d'orangers. — Cour de Cassation. Avocats des prises. 4 p. — Ens. 5 p. arg.

611 Caisse patriotique établie à Paris en 1791. — Banque de France, an VIII. — **Napoléon I**. Chambre de Commerce d'Amiens. — Napoléon I aux mânes de Desaix. — Ens. 4 p. arg.

612 **Charles X**. Commerce ee Bordeaux. **Louis-Philippe**. Banque de Lille. — Sté d'Horticulture. 1838. Sté Lyonnaise des déchets, 1846. — Le Commerce fait prospérer l'Agriculture. **Napoléon III**. Agents de change. 4 p. — Ens. 9 p. arg.

613 **Divers**. Assurance de l'Indre. — Esq. de Parieu. — Chambre. Syndicale des tissus. — Sté de dépots et de comptes courants. — Exposition de 1890. — Gustave IV Adolphe, etc. Ens. 18 p. arg.

# DÉCORATIONS

614 Légion d'Honneur. Restauration Henri IV. ℟. Trois fleurs de lis. — Epoque de Louis-Philippe. Henri IV. ℟. Deux drapeaux. 2 p. — Empire. Napoléon I. ℟. Aigle. 3 p. — Module réduit. 2 p. — Ens. 8 p. arg.

615 Légion d'honneur. République, 1870. Tête de Liberté. ℟. Deux drapeaux. 3 p.

616 Croix de la légion d'Honneur, module réduit. Napoléon III avec diamants. — Même module, 3e république. — Ens. 2 p. Or.

617 Croix de 1814, Récompense à la Fidélité. — Ordre du lis. Arg. — Insigne porté par les Vendéens. — Médaille militaire, avec ruban. — Ens. 4 p. arg.

618 Croix de Juillet, donnée par Louis-Philippe, avec ruban. Médaille de Ste Hélène, avec ruban. — Ens. 2 p.

619 Médaille d'Italie. 2 p. dont une avec ruban. — Module réduit. — Médaille de Chine. 2 pièces dont 1 avec ruban mod. réduit. — Médaille du Mexique avec ruban. — Médaille de sauvetage. — Ens. 8 p. Arg.

620 Médaille des Colonies. 2 p. dont 1 Tunisie avec ruban et 1 Indo-Chine. — Médaille de Chine, deuxième époque. Médaille de Chine, 3e époque. — Médaille de la Croix Rouge 1870-1871. — Palmes académiques ornées de roses. — Ens. 6 p.

621 Plaque de Charles III. — Grand Officier de l'Ordre d'Isabelle la Catholique. — Plaque de l'Ordre du Christ de Portugal. — Ens. 3 p.

622 Petites décorations : S. Maurice et Lazare. — St Grégoire-le-Grand. — Le Sauveur de Grèce. — N. Dame de Guadeloupe. — Le Medjidié. — L'Ordre de François I. — Autre. — Ens. 7 p.

623 Médaille de Crimée avec 2 barettes. — Médaille de Crimée. Médaille de Maximilien. — Médaille de Mentana avec le ruban. — La même sans ruban. — Médaille de la Capitulation de Dupont à Baylen. — Ens. 6 p.

624 Lot de monnaies en argent.
625 Lot de médailles et bulles papales br. et plomb.
626 Lot de médailles et jetons cuivre.
627 Lot de cachets, monnaies chinoises, billon, etc.

# LIVRES ET MÉDAILLIERS

628 *Hoffmann*. Les monnaies royales de France depuis Hugues Capet jusqu'à Louis XVI. Texte et planches séparés en 2 vol. reliés.
629 *Poey d'Avant*. Monnaies féodales de France. 3 vol. reliés.
630 *Caron*. Monnaies féodales françaises. 1 vol. relié.
631 *P. F. Bonneville*. Traité des Monnaies d'or et d'argent. Paris. 1806. — *A. Bonneville*. Nouvelle encyclopédie monétaire. Paris. 1849. — Ensemble 2 vol. in-folio, reliés.
632 Le Blanc. Traité historique des Monnoyes de France, augmenté d'une dissertation historique sur quelques monnaies de Charlemagne.
633 Lot de brochures et catalogues.
634 Médaillier en bois noirci avec portes et contenant 40 tiroirs. Haut. 80 c/m, larg. 60 c/m.
635 Petit médaillier à sept tiroirs, bois noirci orné de cuivre.
636 Petit médaillier à neuf tiroirs.
637 Lot de cartons à médailles.

www.ingramcontent.com/pod-product-compliance
Ingram Content Group UK Ltd.
Pitfield, Milton Keynes, MK11 3LW, UK
UKHW021020180726
13838UKWH00004B/1590